박문각

합격을 결정짓는

이영섭
필수서

영섭 garomat rs
붙어 올해!

박문각 공인중개사

부동산학개론 1차

브랜드만족
1위
박문각

2024

개로니스트 이영섭 SNS			
네이버카페	네이버밴드	인스타그램	유튜브
네이버카페 이영섭	네이버밴드 이영섭	인스타그램 개로니스트	유튜브 개로니스트
일상, 학습인증 친목, 소통	정보전달 채팅상담	일상, 소통 채팅상담	강의영상 및 기타영상

1) 네이버카페에 가입해주세요! 제가 가장 왕성하게 활동합니다.
2) 채팅 상담을 원하시면 네이버밴드, 인스타그램으로 채팅주세요!
3) 학습질문도 네이버밴드나 인스타그램으로 하시면 빠른 답변 얻을 수 있습니다.
4) 유튜브를 적극 활용하여 좋은 컨텐츠를 많이 업로드 하도록 노력하겠습니다.
5) 메시지 확인이 늦더라도 추후에 가급적 답변을 드릴 수 있도록 하겠습니다.

필수서 목차

총론 001 부동산학, 부동산활동, 부동산업 ····1

총론 002 복합개념 ················· 2

총론 003 토지의 분류 ··············· 4

총론 004 주택의 분류 ··············· 6

총론 005 토지의 특성 ··············· 7

경제론 006 부동산 수요 및 공급기본 ······ 9

경제론 007 부동산 수요의 변화 ·········· 11

경제론 008 부동산 공급의 변화 ·········· 12

경제론 009 균형가격과 균형거래량 ········ 13

경제론 010 균형의 이동 ············· 14

경제론 011 탄력성의 기본개념 ·········· 16

경제론 012 수요의 가격탄력성 ·········· 17

경제론 013 소득탄력성과 교차탄력성 ····· 19

경제론 014 공급의 가격탄력성 ·········· 19

경제론 015 부동산 공급의 특징 ·········· 20

경제론 016 탄력성과 균형의 변화 ········· 21

경제론 017 탄력성 계산 ············· 22

경제론 018 부동산 경기변동 ··········· 24

경제론 019 에치켈의 거미집모형 ·········· 25

시장론 020 부동산 시장 ············· 27

시장론 021 주택 여과현상 ············ 28

시장론 022 주거분리현상 ············· 28

시장론 023 효율적 시장이론 ··········· 29

시장론 024 농업 - 리카도 ············ 30

시장론 025 농업 - 마르크스 ·········· 31

시장론 026 농업 - 튀넨 ············· 31

시장론 027 도시 - 알론소 ··········· 32

시장론 028 현대 - 마샬 ············· 32

시장론 029 현대 - 파레토 ··········· 33

시장론 030 현대 - 마찰비용이론 ········· 33

시장론 031 공업입지론 ············· 34

시장론 032 상업입지 ·············· 35

시장론 033 상권계산 (레일리등) ········· 37

시장론 034 도시내부구조이론 ··········· 39

정책론 035 부동산 문제 ············· 41

정책론 036 시장실패 ·············· 41

정책론 037 정부의 시장개입수단 ········· 43

정책론 038 토지1 - 지역지구제 ········· 43

정책론 039 토지2 - 개발권양도제 ······· 44

정책론 040 토지3 - 공공토지비축제도 ··· 44

정책론 041 토지4 - 토지공개념 ········· 45

정책론 042 토지5 - 개발이익환수제 ······· 45

정책론 043 토지6 - 토지적성평가제도 ··· 46

정책론 044 토지7 - 부동산거래신고등 ····· 46

정책론 045 현재시행 vs 미시행 정책 ····· 46

정책론 046 주택1 임대료상한제 (규제) ··· 47

정책론 047 주택2 임대료보조제 (보조) ··· 47

정책론 048 주택3 공공임대주택의 종류 · 48

정책론 049 분양주택 - 분양가상한제 ····· 49

정책론 050 분양주택 : 선분양, 후분양 ··· 49

정책론 051 부동산 조세구분 ············ 50

정책론 052 조세부과의 경제적 효과 ····· 50

투자론 053 부동산 투자의 특징 ······· 52

투자론 054 레버리지 효과 ············ 52

투자론 055 투자의 위험 ·············· 54

투자론 056 투자수익률 ··············· 54

투자론 057 위험의 처리 및 관리방안 ····· 56

투자론 058 평균-분산 지배원리 ·········· 57

투자론 059 효율적 투자전선 ············ 58

투자론 060 포트폴리오 ··············· 59

투자론 061 화폐의 시간가치 ··········· 61

투자론 062 현금흐름의 산정 ··········· 64

투자론 063 투자분석기법의 분류 ····· 66

투자론 064 할인현금흐름분석법 ········· 66

투자론 065 어림셈법 ················· 69

투자론 066 대부비율, 지분비율, 부채비율 70

투자론 067 부채감당률 및 비율분석법 ··· 71

투자론 068 평균회계이익률, 단순회수기간 72

금융론 069 부동산 금융구분 ········· 73

금융론 070 주택금융 (주택도시기금) ····· 73

금융론 071 주택담보대출 규제 ········· 74

금융론 072 대출금리 ················ 75

금융론 073 저당의 상환 ············· 76

금융론 074 역저당(주택연금) ········· 79

금융론 075 프로젝트 파이낸싱 ·········· 80

금융론 076 부동산투자회사(REITs) ········· 81

금융론 077 자산유동화증권 (ABS) ········· 83

금융론 078 저당유동화 및 저당시장 ······ 84

금융론 079 저당유동화증권 (MBS) ········· 85

개관마 080 부동산 개발일반 ············ 87

개관마 081 부동산 개발위험 ············ 87

개관마 082 부동산 개발분석 ············ 88

개관마 083 민간개발방식 ············· 89

개관마 084 민간-합동 개발방식 ·········· 91

개관마 085 도시개발 - 기반산업이론 ····· 92

개관마 086 부동산 관리의 복합개념 ······· 93

개관마 087 부동산 관리방식 ········· 93

개관마 088 비율임대차 계약 ··········· 94

개관마 089 부동산 마케팅 전략 ········· 95

감평론 090 가치 및 가치형성요인 ········· 97

감평론 091 지역분석, 개별분석 ··········· 97

감평론 092 부동산 가격제원칙 ········· 99

감평론 093 감정평가의 3방식 의의 ····· 100

감평론 094 원가방식 : 원가법 ········· 101

감평론 095 원가방식 : 적산법 ········· 102

감평론 096 비교방식: 거래사례비교법 ····103

감평론 097 비교방식: 공시지가기준법 ·· 105

감평론 098 수익방식 : 수익환원법 ······· 107

감평론 099 감정평가에 관한 규칙 ······· 110

감평론 100 부동산 가격공시제도 ········ 113

총론 001 부동산학, 부동산활동, 부동산업

키워드	부동산업의 분류 암기

1 부동산학의 정의 및 성격

① 부동산 활동의 **능률화**의 **원리** 및 **기술**을 다루는 학문이다.

② **법률적, 경제적, 기술적** 접근을 하는 종합응용사회과학이다.

③ **응용과학(순수×)**, 사회과학, 경험과학적 성격을 갖추고 있다.

2 표준산업분류상 부동산업의 분류

중분류	소분류	세분류	세세분류
부동산업	부동산 **임대** 및 **공급업**	부동산 **임대업**	주거용, 비주거용, 기타부동산
		부동산 **개발** 및 **공급업**	주거용, 비주거용, 기타부동산
	부동산 관련 서비스업	부동산 관리업	주거용(아파트), 비주거용(사무용)
		부동산 **중개** 부동산 **자문** 및 **평가업**	· 부동산 중개 및 대리업 · 부동산 투자자문업 · 부동산 감정평가업

① 부동산업 : 부동산 **임대** 및 **공급업**과 관련 **서비스업**으로 구분

② 부동산 **임대** 및 **공급업** : 부동산 **임대업**, 부동산 **개발** 및 **공급업**으로 구분

③ 관련 **서비스업** : 부동산 **관리, 중개, 자문** 및 **평가**로 구분

---

(1) 부동산 투자 자문업은 부동산 관련 서비스업에 해당한다. [O]

(2) 주거용 부동산 관리업은 부동산 관련 서비스업에 해당한다. [O]

(3) 부동산 중개 및 대리업은 부동산 관련 서비스업에 해당한다. [O]

(4) 부동산 개발 및 공급업은 부동산 관련 서비스업에 해당한다. [×]

(5) 비주거용 부동산 관리업은 부동산 관련 서비스업에 해당한다. [O]

총론 002 복합개념 : 부동산의 정의

키워드 경제적, 기술적 개념의 종류 , 법률적 개념 정리

1 복합개념의 의의

부동산의 정의는 **법률적, 경제적, 기술적** 개념의 복합개념으로 파악할 수 있다.

유형적	기술적	물리적 개념 : 공간, **자연**, **위치**, **환경**	
무형적	경제적	**자산, 자본, 생산요소, 소비재, 상품**	
	법률적	**협의** = 좁은	민법상 부동산 = **토지+정착물**
		광의 = 넓은	**협의**의 부동산 + **준**(의제)부동산

2 기술적 개념

① **유형 = 기술 = 물리적** 개념의 부동산 : **공간, 자연, 위치, 환경**으로서의 부동산
② 공간은 3차원으로 구성된다 : 공중, 지표, 지하(지중)
③ 공중과 지하공간을 합쳐 **입체**공간이라고 한다. (**수직공간, 집약화**)
④ 위치는 절대적 위치와 상대적 위치로 구분된다.
⑤ **절대적**(물리적) 위치는 주소(지번)개념으로 **부동성**(불변)과 관련이 있다.
⑥ **상대적**(경제적) 위치는 주변에 따라 달라지며 **인접성**(가변)과 관련이 있다.

3 경제적 개념

① 무형적 관점으로서 **자산, 자본, 생산요소, 소비재, 상품**등의 개념이다.
② 토지는 생산을 위한 가장 중요한 재료이며 [생산재]. 그 자체로서 소비의 대상이 되기도 한다. [소비재]
③ 토지는 생산재와 소비재의 **양면적** 성격이 있다.

---

(1) 기술적 개념의 부동산은 생산요소, 자산, 공간, 자연 등을 의미한다. [27]   [X]
(2) 물리적 측면의 부동산에는 생산요소, 자산, 공간, 자연이 포함된다. [34]   [X]
(3) 토지는 생산요소와 자본의 성격을 가지고 있지만, 소비재의 성격을
가지고 있지 않다. [33]   [X]

4 법률적 개념

부동산을 법률적으로 정의하는 개념으로 **협의**의 부동산과 **광의**의 부동산으로 구성된다.

1. 협의의 부동산의 개념 [협의 = 좁은 = 민법 = 토지 + 정착물]

① 협의의 부동산(좁은 의미)이란 **민법상** 부동산을 의미한다.

② 민법 99조 1항에 따라 부동산에는 **토지**와 **정착물**이 포함된다.

2. 협의 – 민법상 토지 소유권의 개념

① 소유권 **내용** : 법률적 범위 내에서 **사용, 수익, 처분**할 수 있는 권한

② 소유권 **범위** : 정당한 이익 범위 내에서 **상하**에 미침

③ 소유권 **공시** : 부동산의 소유권 공시는 **등기**에 의함

3. 협의 – 민법상 토지 정착물의 개념

① 원래는 동산이었으나 쉽게 이동할 수 없게 부착된 물건을 의미한다.

② 민법상 정착물에는 **종속**정착물과 **독립**정착물이 있다.

> ㉠ **종속정착물** = **토지의 일부로 간주**
>   예 도로, 교량, 제방, 담장, 구거(溝渠)등
>
> ㉡ ★ **독립정착물** = **토지와 서로 다른** 부동산으로 간주
>   예 **건물, 명인방법**에 의한 수목, **입목**, 정당한 권원에 의해 **재배중**
>
> ㉢ **동산** = 토지 및 정착물 이외 : **가식**에 의한 수목, 경작**수확물**등

4. 광의의 부동산 (feat. 준부동산)

① **광의**(넓은 의미)의 부동산은 **협의**의 부동산에 **준부동산**이 포함된다.

② **준부동산**은 **의제**(擬制)부동산으로 **법적** 부동산을 의미한다.

③ 준부동산 원래는 동산이었으나,
   부동산과 유사한 공시방법 [등기, 등록]을 갖춘 특정의 동산을 의미한다.

④ 종류 : 공장재단, 자동차, 광업재단, 어업권, 선박(20t↑), 입목

⑤ 공장재단은 **준부동산**으로서 **넓은** 의미에 포함되며, **법률적** 개념에 따른 구분이다.

5. 복합부동산

토지와 **건물**이 결합되어 **일체**거래되는 부동산을 의미한다. [**일괄평가**]

총론 003 토지의 분류

1. 지목(地目), 택지, 부지

① **구거**(溝渠) : 용수(用水), 배수(排水)를 위한 **인공수로**·둑 등

② **유지**(溜池) : 상시적으로 **물을 저장**하고 있는 댐·저수지 등

③ 택지 : **주거**, **상업**, **공업**용으로 이용중이거나 이용목적으로 조성

④ 부지 : 일정한 목적으로 제공되는 바닥토지 (도로, 하천등 **건축불가능 포함**)

2. 후보지, 이행지

감정평가상 토지의 용도별 분류

		소분류
대분류	택지	주거지역, 상업지역, 공업지역
	농지	전지지역, 답지지역, 과수원지역
	임지	신탄림지역, 용재림지역

① 후보지와 이행지는 모두 용도변경이 **진행중**인 토지를 의미한다.

② 후보지 : 임지, 농지, 택지지역 **상호간** 용도변경이 진행**중**인 토지이다.

   예 농지에서 택지로 전환중인 토지 : 택지 후보지

③ 이행지 : 임지, 농지, 택지지역 **내에서** 용도변경이 **진행중**인 토지이다.

   예 주거지역에서 상업지역으로 전환중인 토지 : 상업지 이행지

④ 후보지와 이행지는 모두 용도의 다양성(용도적 공급)과 관련이 있다.

3. 필지(筆地)와 획지(劃地)

① 필지 : **법률적** 개념에 따른 구분으로 **등기, 등록, 지번**단위의 토지 [소유권]

② 획지 : **경제적** 개념에 따른 구분으로 **가격수준**이 비슷한 일단의 토지 [활동, 현상등]

4. 맹지(盲地)와 대지(袋地)

① 맹지 : 타인의 토지에 둘러싸여 **도로와 접속면이 없는** 토지 [접속면×, 건축×]

② 대지 : 일면이 도로와 접속된 자루모양의 토지 [맹지를 건축화 해놓은 땅]

5. 나지(裸地)와 건부지 공지(空地)

① 나지 : 건물(정착물)이 **없고**, 사법상 제한이 **없지만** 공법상 제한은 **있는** 토지

② 건부지 : 건축물이 부가물로 제공되고 있는 토지

③ 공지 : 건폐율등의 제한으로 인하여 건축하지 않고 **남겨둔(비워둔)** 토지

④ 토지가치 **원칙 – 건부감가** : 나지가치 〉 건부지가치 [**건부지가 낮게** 평가]

6. 법지(法地)와 빈지(濱地)

① 법지 : 토지와 도로 등 **경계**사이의 **경사**진 부분의 토지 [**소유**o, 이익×]

② 빈지 : 소유권이 인정되지 않는 바다와 육지사이의 **해변토지** [**소유**×, 이익○]

7. 유휴지, 휴한지(休閑地)

① 유휴지 : 바람직스럽지 못하게 놀리는 토지 [고가도로 아래등]

② 휴한지 : **지력회복**을 위해 **정상적으로 쉬게** 하는 토지

8. 소지(素地), 선하지, 포락지(浦落地), 한계지

① 소지 : 개발되기 **이전**의 **자연**상태의 토지

② 선하지 : 고압 송전로 아래의 토지 [거래제한]

③ 포락지 : 물에 의한 침식으로 **수면 아래로 잠기거나, 하천 및 바다로 변한** 토지

④ 한계지 : 택지이용의 최원방권의 토지

9. 감정평가상 : 표준지, 표본지, 일단지(一團地)

① 표준지 : 지가**공시**를 위해 선정한 토지

② 표본지 : 지가**변동률**을 측정하기 위해 선정한 토지

③ 일단지 : **용도상 불가분**의 관계에 있는 2필지 이상의 일단의 토지

총론 004 주택의 분류

키워드 다중 vs 다가구 vs 다세대 vs 연립차이점 외우기

건축법 시행령상 주택은 단독주택과 공동주택으로 구분할 수 있다.

① **단독주택** : 단독주택, 다중주택, 다가구주택, 공관(公館)
② **공동주택** : 다세대주택, 연립주택, 아파트, 기숙사

건축법시행령상 주택의 분류

다중주택	다가구주택	다세대주택	연립주택	아파트
① 3개층↓	① 3개층↓	① 4개층↓	① 4개층↓	5개층 이상
② 660m² ↓	② 660m² ↓	② 660m² ↓	② 660m² **초과**	
③ 취사시설×	③ 19세대↓	③ 구분등기○	③ 구분등기○	
중학생	다가구 3·6·9	구분등기○	66초과	층수 5

③ **다중주택** : 학생, 직장인 ‖ 독립주거 형태× [욕실○, 취사시설×]
④ **기숙사** : **학교 또는 공장** 등의 학생 또는 종업원 등이 사용

주택법상 준주택, 도시형생활주택

① **준주택** : **주택외**의 건축물과 부속토지로 주거시설로 이용가능한 시설
　[예 오피스텔, 노인복지주택, 다중생활시설, 기숙사]
② **도시형 생활주택** : 300세대 미만의 국민주택규모에 해당하는 주택

대표유형 ┃ 33회 기출문제

건축물 A의 현황이 다음과 같을 경우, 건축법령상 용도별 건축물의 종류는?

- 층수가 4층인 1개 동의 건축물로서 지하층과 필로티 구조는 없음
- 전체 층을 주택으로 쓰며, 주택으로 쓰는 바닥면적의 합계가 600m²임
- 세대수 합계는 8세대로서 모든 세대에 취사시설이 설치됨

키워드 4층 , 600m² , 취사시설○ 　　　　　　　　　　　**정답 : 다세대주택**

총론 005 토지의 특성

키워드 부동성, 부증성, 영속성, 개별성 키워드 연결

① **자연적** 특성 : 선천적, 불변적 ‖ **부동성, 부증성, 영속성, 개별성, 인접성**
② **인문적** 특성 : 후천적, 가변적 ‖ 용도의 다양성, 위치의 가변성등

1. 부동성 [지리적 위치의 고정성]

지역 : 토지는 지리적 위치가 고정되어 있고 이동이 불가하다.

① **외부효과** : 부동성으로 인해 부동산 시장은 **외부효과**가 발생한다.
② **국지화** : 토지시장이 **지역적으로 국한**되고, 지역마다 특성이 달라진다.
③ **조세근거** : 부동성은 지자체 운영을 위한 **조세수입**의 근거가 된다.
④ **지역분석** : 부동성으로 인해 감정평가에서 **지역분석**이 중시된다.
⑤ **임장활동** : 부동성으로 인해 **현장조사**가 필수로 요구된다. [대물활동]

2. 부증성 [비생산성]

비생산성 : 토지는 생산비를 투입하여 생산할 수 없다.

① **토지의 물리적 공급은 불가** : 절대량 불변, 완전비탄력, 수직선
② **토지의 용도적(경제적) 공급은 가능** : 개간 · 매립 · 간척 가능 [부증성 예외×]

> ▪ **토지의 물리적 공급은 무조건 완전비탄력적, 불가**
> ▪ **토지의 경제적(용도적) 공급은 가능**

③ 토지**부족** : 토지공급이 비탄력화 되고, 부족문제가 초래된다.
④ **희소성** : 토지 부족으로 인해 희소성이 증대된다.
⑤ **지대, 지가, 지가고** : 희소성으로 인해서 **지대 및 지가가 발생**한다.
⑥ **독점소유욕** : 부증성은 토지에 대한 **독점소유욕**을 유발한다.
⑦ **수요자** 경쟁 : 부증성으로 인하여 토지는 공간**수요의 경쟁**이 치열해진다.
⑧ **최유효이용** : 부증성으로 인해 토지의 **최고·최선의 이용**이 중시된다.
⑨ **집약화** : 부증성으로 인해 토지에 대한 노동과 자본투입이 증대된다.

3. 영속성 [비소모성]

비소모성 : 토지는 원칙적으로 감가상각이 적용되지 않는다. (주택 : 내구성)

① **감가배제** : 토지는 **물리적 감가가 적용되지 않는다.** [경제적 감가는 발생함]

② **가치보존력** : 토지는 감가가 되지 않으므로 **가치보존력**이 우수하다.

③ **장기적** : 영속성은 부동산 활동을 **장기**배려하게 한다.

④ **장기투자** : **장기투자**를 통해 자본이득과 소득이득을 얻을 수 있다.

⑤ **장래수익** : **예측의 원칙, 수익환원법, 가치**(value)의 개념과 관련이 있다.

⑥ **관리** : 영속성으로 인해 부동산 **관리**의 중요성이 강조된다.

4. 개별성 [비대체성]

비대체성 : 토지는 물리적으로 이질적이며 대체가 불가능한 재화이다.

① **물리적 대체** : 토지는 **물리적으로 대체가 불가**하다. [법률적, 계약적 대체불가]

② **일물일가×** : 개별성으로 인하여 토지에는 일물일가 법칙이 적용되지 않는다.

③ **표준화×** : 표준지 선정이 어려워지고 상품의 표준화를 어렵게 한다.

④ **개별분석** : 토지가격 및 수익이 개별화되므로 개별분석이 필요하다.

⑤ **독점화** : 개별성으로 인하여 **공급이 독점화** 된다.

⑥ **정보수집** : 개별성으로 인하여 정보수집이 어려워지고, 거래비용이 높아진다.

5. 용도의 다양성

① 토지는 여러 용도로 활용할 수 있다. [주거용, 상업용, 공업용등]

② 토지는 용도의 다양성으로 인하여 **최유효이용**이 중시된다

6. 합병분할가능성, 위치의 가변성

① **합병·분할가능성** : 토지는 인위적으로 분할 또는 합병하여 이용할 수 있다.

② **위치의 가변성** : 주변 환경 변화로 인하여 사회, 경제, 행정적 위치가 변할 수 있다.

경제론 006 부동산 수요 및 공급기본

키워드 수요와 관련된 기본용어 정리

1 부동산 수요 및 공급개념

① 수요(Demand)나 공급(Supply)은 구매 또는 판매 욕구를 의미한다.
② 수요량(Qd) 및 공급량(Qs)은 특정**가격** 수준에서 **의사**와 **능력**을 갖춘 수량이다.
③ 수요량의 특징1 : **사전적** : 실제 구매량이 아닌 **하고자 하는** 사전적 개념이다.
④ 수요량의 특징2 : **유효수요** : 구매의사와 구매**능력**을 갖춘 **유효수요** 개념이다.
⑤ 수요량의 특징3 : **유량** : 일반적으로 일정**기간**에 걸쳐 측정한 **유량**개념이다.

2 유량(流量)과 저량(貯量)

① 유량(flow) : 일정**기간**의 값으로 **월·연** 단위 데이터를 의미한다.
② 유량의 사례 : 임대료(지대), 소비량, 거래량, 공급량, 생산량, 순영업소득등
③ 저량(stock) : 일정**시점**에서 측정한 값으로 **현재시점**의 데이터를 의미한다.
④ 저량의 사례 : **재고, 자산, 자본, 가치, 부채, 인구, 통화**량등

암기코드	저는 재·자·가·부·인 → **통화중**

3 수요(공급)함수

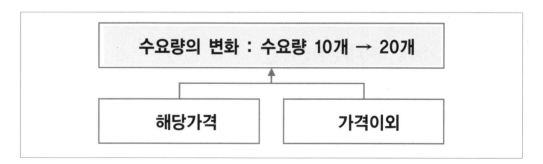

① 수요함수란 해당 재화의 **가격** 및 **가격이외** 요인과 **수요량**과의 관계를 의미한다.
② 수요량에 영향을 주는 요인은 **해당 재화의 가격, 가격이외** 요인이 있다.

4 수요법칙 및 공급법칙 ‖ 수요곡선과 공급곡선

① **수요**법칙 : 가격**상승** → 수요량 **감소** , 가격**하락** → 수요량 **증가** [반비례]
② **공급**법칙 : 가격**상승** → 공급량 **증가** , 가격**하락** → 공급량 **감소** [정비례]

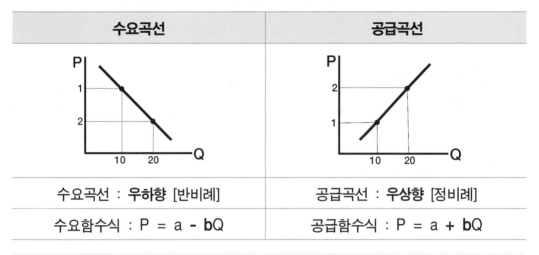

수요곡선	공급곡선
수요곡선 : **우하향** [반비례]	공급곡선 : **우상향** [정비례]
수요함수식 : P = a - **b**Q	공급함수식 : P = a + **b**Q

기울기 산정 = $\dfrac{Q앞숫자}{p앞숫자}$ ‖ 수요 기울기: -b, 공급 기울기: +b

수요법칙이 성립하는 원인은 소득효과와 대체효과 때문이다.

5 수요량의 변화와 수요의 변화

수요량의 변화	수요의 변화
결론 : 수요량이 10개에서 20개로 늘어난다	
① **해당** 재화의 **가격변화** ② 곡선**상**의 변화 ③ 곡선상 **점**의 이동	① **가격이외** 요인의 변화 ② 곡선**자체**의 변화 ③ 곡선의 **이동** [좌측, 우측]
해당가격, 상, 점	가격이외, 곡선자체, 곡선이동

① **해당** 주택**가격**변화에 의한 수요량의 변화는 수요곡선상의 변화를 초래한다.
② **가격이외** 다른 요인이 수요량을 변화시키면 **수요곡선이** 좌측, 우측으로 **이동**한다.
③ **소득**이 변하여 동일 가격수준에서 **수요곡선이 이동**하였다면 이는 **수요**의 변화다.
④ 아파트 가격에 대한 **기대**의 변화는 아파트의 수요곡선 **자체**의 변화를 초래한다.

경제론 007 부동산 수요의 변화

키워드 대체재, 보완재, 가격예상 정리

1 소득의 변화

① 소득이 증가[+]할 때 수요가 증가[+]하는 재화 : **정상재**
② 소득이 증가[+]할 때 수요가 감소[-]하는 재화 : **열등재**

2 관련재화의 변화

A의 가격이 변화면 관련 재화인 B의 수요가 변할 수 있다.

대체재	보완재
소비효용이 유사한 경쟁관계	동시소비가 유리한 보완관계
① A 수요+ ⋯ B 수요- [수수반대] ② A 수요- ⋯ B 수요+ [수수반대] ③ A 가격+ ⋯ B 수요+ [가수같음] ④ A 가격- ⋯ B 수요- [가수같음] ⑤ A 가격+ ⋯ B 가격+ [가가같음]	① A 수요+ ⋯ B 수요+ [수수같음] ② A 수요- ⋯ B 수요- [수수같음] ③ A 가격+ ⋯ B 수요- [가수반대] ④ A 가격- ⋯ B 수요+ [가수반대] ⑤ A 가격+ ⋯ B 가격- [가가반대]
수수반대 ‖ 가수같음 ‖ 가가같음	**수수같음 ‖ 가수반대 ‖ 가가반대**

① **대체재**의 **가격**이 상승하면 해당 재화의 **수요**가 증가하고 균형**가격**이 상승한다.
② **대체재**의 **가격**이 하락하면 해당 재화의 **수요**가 감소하고 균형**가격**은 하락한다.
③ **보완재**의 가격이 상승하면 해당 재화의 **수요**가 감소하고 균형**가격**은 하락한다.
④ **보완재**의 **가격**이 하락하면 해당 재화의 **수요**가 증가하고 균형**가격**이 상승한다.

(1) 대체주택의 가격하락은 수요곡선을 좌측으로 이동시킨다. [25]   [O]

(2) 대체재 수요량의 증가는 수요곡선의 우측이동 요인이다. [34]   [×]

(3) 보완재 가격의 하락은 수요곡선의 우측이동 요인이다. [34]   [O]

(4) 아파트와 단독주택의 관계가 대체재라고 가정할 때 아파트의 가격이 상승하면,
단독주택의 수요가 증가하고 단독주택의 가격은 상승한다. [26]   [O]

3 기타수요변화 요인

① 아파트의 **가격상승이 예상**되면 수요가 증가한다. [비싸지기 전 구매]

② 아파트의 **가격하락이 예상**되면 수요가 감소한다. [하락때까지 기다림]

③ 인구감소, 선호도의 감소는 수요감소요인이다.

④ 아파트 대출금리의 하락은 수요증가요인이다.

⑤ 거래세 인상은 수요감소요인이다.

경제론 008 부동산 공급의 변화

키워드   원자재(생산요소)가격

1 원자재 요인

① 주택건설 기술 개발에 따른 원가절감은 주택공급 증가요인이다.

② 주택건설용 **원자재 가격의 하락**은 **주택공급 증가**요인이다.

③ 원자재 가격이 상승할 때
⋯ 주택가격이 변하지 않는다면 : 주택공급은 감소하게 된다.
⋯ 주택가격이 상승한다면 : 주택공급은 증가할 수도 있다.

④ 주택가격이 상승하면 주거용지의 공급도 증가하게 된다.
주택가격상승 ⋯ 주택공급증가 ⋯ 주거용지의 공급도 증가

(1) 건축원자재의 가격 상승은 부동산의 공급을 축소시켜 공급곡선을 좌측(좌상향)으
로 이동하게 한다. [34]   [O]

(2) 건축기자재 가격이 상승하더라도 주택가격이 변하지 않는다면 주택공급은 감소할
것이다. [26]   [O]

(3) 주택가격이 상승하면 주거용지의 공급이 감소한다. (26)   [×]

경제론 009 균형가격과 균형거래량의 형성

키워드 균형계산 (계산문제)

1 균형의 의미

① 균형상태에서 가격이 **상승**하면 → **초과공급**

② **초과공급**이 지속 → 균형가격 **하락**

③ 균형상태에서 가격이 **하락**하면 → **초과수요**

④ **초과수요**가 발생 → 균형가격 **상승**

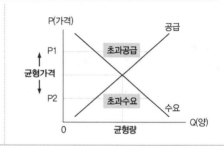

2 균형계산사례 (feat. 기울기)

A지역 아파트시장에서 수요함수는 일정한데, 공급함수는 다음 조건과 같이 변화하였다. 이 경우 **균형가격(** ㉠ **)과 공급곡선의 기울기(** ㉡ **)는 어떻게 변화하였는가? (31)**

- **공급함수 : $Q_{S1} = 30 + P$ (이전)** ⇨ $Q_{S2} = 30 + 2P$ **(이후)**
- **수요함수 : $Q_d = 150 - 2P$**
- **P는 가격, Q_s는 공급량, Q_d는 수요량, X축은 수량, Y축은 가격을 나타냄**

1. 공급곡선 기울기(ㄴ)의 변화

1) 최초 기울기 $(Q^{dl}) = \dfrac{1}{1}$ ⋯→ 변경된 기울기 $= \dfrac{1}{2}$: **기울기 $\dfrac{1}{2}$ 만큼 감소**

(기울기 $= \dfrac{Q앞\ 숫자}{P앞\ 숫자}$)

2. 균형의 변화(ㄱ)

최초균형	변경균형
① 150 - 2P = 30 + P	① 150 -2P = 30 + 2P
② 120=3P	② 120=4P
③ P=40	③ P=30

균형가격은 40에서 30으로 **10만큼 하락함**

경제론 010 균형의 이동

균형상태에서 수요와 공급이 변하면 **곡선이 이동하며 균형이 이동**한다.

1 균형의 이동 : 하나만 변할 때

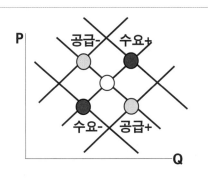
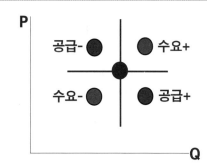

수요증가	●	오른쪽	위	가격상승, 양증가
수요감소	●	왼쪽	아래	가격하락, 양감소
공급증가	●	오른쪽	아래	가격하락, 양증가
공급감소	●	왼쪽	위	가격상승, 양감소

2 균형의 이동 : 동시변화1 : 변화의 폭을 알 수 없을 때

변화	그림		방향	균형가격	균형양
수요증가 , 공급증가		● ●	오른쪽 **위아래?**	**알수없음**	증가
수요감소 , 공급감소	● ●		왼쪽 **위아래?**	**알수없음**	감소
수요증가 , 공급감소	●	●	위로 **좌우?**	상승	**알수없음**
수요감소 , 공급증가	●	●	아래로 **좌우?**	하락	**알수없음**

3 균형의 이동 : 동시변화2 : ~폭이 클 때 [큰 쪽만 본다]

변화	판단	판단기준		균형가격	균형양
수요증가 > 공급증가	수요↑		●	상승	증가
수요감소 > 공급감소	수요↓	●		하락	감소
공급증가 > 수요증가	공급↑		●	하락	증가
공급감소 > 수요감소	공급↓	●		상승	감소

4 균형의 이동 : 동시변화3 : ~폭이 동일 할 때

변화	그림		방향	균형가격	균형양
수요증가 = 공급증가		● ●	오른쪽 **같음**	**불변**	증가
수요감소 = 공급감소	● ●		왼쪽 **같음**	**불변**	감소
수요증가 = 공급감소	●	●	위로 **같음**	상승	**불변**
수요감소 = 공급증가	●	●	아래로 **같음**	하락	**불변**

최종정리

① ~하고, ~할 때 : 변화의 폭을 **알 수 없을 때** : 정답에 **알 수 없음**이 들어간다.

② ~하는 폭이 ~하는 폭보다 **클 (작을) 때** : **큰 쪽만** 보고 판단한다.

③ ~하는 폭과 ~하는 폭이 **같을 때** : 정답에 **불변(변하지 않음)**이 들어간다.

5 균형의 이동을 응용한 패턴 [2단 판정]

① 건설노동자의 임금이 상승하면? ⋯→ 공급이 감소하므로 → 균형가격은 상승

② 대체주택에 대한 수요가 감소하면? ⋯→ 수요가 증가하므로 → 균형가격은 상승

③ 아파트 건설업체수가 증가하면? ⋯→ 공급이 증가하므로 → 균형가격은 하락

④ 아파트 선호도가 감소하면? ⋯→ 수요가 감소하므로 → 균형가격은 하락

⑤ 가구의 실질소득이 증가하면? ⋯→ 수요가 증가하므로 → 균형가격은 상승

경제론
011 탄력성의 기본개념

키워드   탄력성이란?

결론 : A의 수요량이 얼마나 변화하는가?

↑	↑	↑
원인 1	원인 2	원인 3
해당재화(A)의 가격변화	소득변화	관련재화(B)의 가격변화
가격탄력성	**소득탄력성**	**교차탄력성**
$\left\| \dfrac{\text{A수요량변화율}}{\text{A가격변화율}} \right\|$	$\dfrac{\text{수요량변화율}}{\text{소득변화율}}$	$\dfrac{\text{B수요량변화율}}{\text{A가격변화율}}$

경제론 012 수요의 가격탄력성

키워드 가격탄력성을 5개로 구분하고 의미를 정확히 외우기

가격탄력성은 **해당 재화의 가격**이 변할 때 **수요량 변화율**을 측정하는 정량적 개념이다.

수요량변화율 / 가격변화율	① 가격변화율에 대한 수요량 변화율 ② 수요량 변화율을 가격변화율로 나눔

1 수요의 가격탄력성의 구분

완전비탄력	비탄력	단위탄력적	탄력적	완전탄력적
가격이 변할때 **수요량 불변**	가격변화율보다 **수요량 적게**	**가격변=수요량변**	가격변화율보다 **수요량 많이**	가격불변 **수요량 무한대**
0 (수직)	탄력성 〈 1	탄력성=1	탄력성 〉 1	무한대 (수평)

① **완전비탄력**적 : 가격변화에 상관없이 수요량이 고정 = 양 불변 = **수직** = 0

② **비탄력**적 : **가격변화율이 수요량 변화율보다 큼** = **양** 변화율 **작음** = 1보다 **작음**

③ **단위**탄력적 : 가격변화율과 수요량 변화율이 **같음** : 탄력성 = 1

④ **탄력적** : 가격변화율보다 수요량 **변화율이 큼** = 양 변화율 큼 = **1보다 큼**

⑤ **완전탄력**적 : 미세한 가격변화에 수요량이 **무한대**로 변함 = 양 무한 = **수평 = ∞**

탄력적 vs 비탄력적

탄력적	비탄력적
위아래[가격] 〈 좌우[양]	위아래[가격] 〉 좌우[양]
탄력성 크고, 기울기 작음	**탄력성 작고, 기울기 급함**

(1) 가격이 변화하여도 수요량이 전혀 변화하지 않는다면, 수요의 가격탄력성은 완전탄력적이다. [34]　　　　　　　　　　　　　　　　　　　　　　　[×]

(2) 수요곡선이 수직선이면 수요의 가격탄력성은 완전비탄력적이다. [29]　　　[O]

(3) 수요의 가격탄력성이 비탄력적이면 수요량의 변화율이 가격의 변화율보다 더 크다. [32]　　　　　　　　　　　　　　　　　　　　　　　　　　　[×]

(4) 수요의 가격탄력성이 1보다 작은 값을 가진다면, 수요의 가격탄력성은 탄력적이다. [34]　　　　　　　　　　　　　　　　　　　　　　　　　　　　[×]

(5) 미세한 가격변화에 수요량이 무한히 크게 변화하는 경우 수요는 완전탄력적이다라고 볼 수 있다. [27]　　　　　　　　　　　　　　　　　　　　　　[O]

2 수요의 가격탄력성 결정요인

탄력성 결정의 핵심요인 : 대체재의 유무

① **대체재의 유무** : 대체재가 많을수록 탄력적이며 탄력성이 커진다.

② **세분화** : 세분화할수록 탄력성이 커진다.

③ **용도별** : **주거용이** 상업용, 공업용보다 탄력성이 **큰** 편이다.

④ **용도전환** : 용이할수록 탄력성이 커진다.

⑤ **측정기간** : **측정기간(관찰기간)이** 길수록 탄력성이 커진다.

⑥ **장단기** : 단기에서 **장기로 갈수록** 탄력성이 커진다. [기울기 완만]

3 수요의 가격탄력과 수입

비탄력 : 고가전략 ‖ 탄력적 : 저가전략 ‖ 단위탄력 : 수입불변

① **비탄력** : 탄력성이 **1보다 작을 때**, 임대료를 인상[고가]하면 **수입이 증가**한다.

② **탄력적** : 탄력성이 **1보다 클 때**, 임대료를 인하[저가]하면 **수입이 증가**한다.

③ **단위탄력적** : : 탄력성이 **1**이라면 임대료 변화와 상관없이 수입은 **불변**한다.

암기코드　　　비단은 고가로 팔아야 수입이 증진된다!

(1) 수요의 가격탄력성이 1보다 작을 경우 전체 수입은 주택임대료가 상승함에 따라 감소한다. [28]　　　　　　　　　　　　　　　　　　　　　　　[×]

경제론 013 소득탄력성과 교차탄력성

키워드 | 소득탄력성과 교차탄력성 공식암기

목적 : 수요량 변화율을 측정					
원인1 : 수요자의 소득변화			원인2 : 관련재화의 가격변화		
소득탄력성			교차탄력성		
$\dfrac{수+}{소+}$ 정상재	$\dfrac{수요량변화율}{소득변화율}$	$\dfrac{수-}{소+}$ 열등재	$\dfrac{B수+}{A가+}$ 대체재	$\dfrac{B수요량변화율}{A가격변화율}$	$\dfrac{B수-}{A가+}$ 보완재

① 소득탄력성이란 **소득변화율**에 대한 **수요량의 변화율**을 의미한다.

② 교차탄력성이란 **A재화의 가격변화율**에 대한 **B재화의 수요량 변화율**을 의미한다.

③ 소득이 10% **증가**할 때 수요가 5% **증가**하면 **정상재**이며, 소득탄력성은 0.5이다.

④ 소득이 10% **증가**할 때 수요가 5% **감소**하면 **열등재**이며, 소득탄력성은 -0.5이다.

⑤ **A재화의 가격**이 10% **상승** 할 때, **B재화의 수요**가 5% **증가**하면
  두 재화의 관계는 **대체재**이며, 두 재화의 교차탄력성은 **0.5**가 된다.

⑥ **A재화의 가격**이 10% **상승** 할 때, **B재화의 수요**가 5% **감소**하면
  두 재화의 관계는 **보완재**이며, 두 재화의 교차탄력성은 **-0.5**가 된다.

경제론 014 공급의 가격탄력성 (결정요인)

키워드 | 공급탄력성 결정요인

공급 탄력성이란 해당 재화의 가격이 변할 때 공급량의 변화율을 의미한다.

$\dfrac{공급량변화율}{가격변화율}$	① 가격변화율에 대한 공급량변화율 ② 공급량변화율을 가격변화율로 나눔

1 공급 탄력성의 결정요인

원칙 : 쉬우면 탄력적, 어려우면 비탄력적 ‖ 단비장탄

① 장단기 : **단기**에는 **비탄력적**이고, **장기**로 갈수록 **탄력적**이다.

② 측정기간 : **측정기간이 길수록** = 관찰기간이 길어질수록 **탄력적**이다.

③ 소요기간 : **소요기간이 길수록** = 오래 걸리므로 **비탄력적**이다.

④ 용도전환 : 용이할수록 탄력적이다.

⑤ 규제 : 규제가 **강화(엄격)**될수록 **비탄력적**이다.

경제론 015 부동산 공급의 특징

키워드 토지의 물리적공급, 용도적공급, 단기공급, 장기공급 개념

1 토지의 물리적 공급 vs 용도적 공급

토지의 물리적 공급		토지의 용도적(경제적) 공급	
부증성 : 불가		용도의 다양성 : 가능	
① 완전비탄력 ② 탄력성 = 0 ③ 수직선		① 개간, 매립, 간척 ② 용도전환 가능 ③ 우상향	

2 부동산의 단기공급 vs 장기공급

부동산의 단기공급		부동산의 장기공급	
가용생산요소 제약○		가용생산요소 제약×	
① 비탄력적 ② 탄력성 작음 ③ 기울기 급함, 큼		① 탄력적 ② 탄력성 큼 ③ 기울기 완만, 작음	

3 부동산의 신축공급

① 단기 : 불변(불가)
② 장기 : 가능

[예] **신축** 원자재 가격하락
⋯▸ **단기** 가격불변, 장기가격하락

경제론 016 탄력성과 균형의 변화

키워드 그림으로 따지는 연습 계속하기!

1 완전비탄력적, 완전탄력적

완전비탄력적 (수직)		완전탄력적 (수평)	
수요증가 공급 완전비탄력	수요감소 공급 완전비탄력	공급증가 수요 완전탄력적	공급감소 수요 완전탄력적
가격상승, **양불변**	가격하락, **양불변**	**가격불변**, 양증가	**가격불변**, 양감소

완전비탄력적 : 균형양 불변 ‖ 완전탄력적 : 균형가격(임대료) 불변

2 비탄력적, 탄력적

비탄력적 vs 탄력적		비탄력적 vs 탄력적	
★수요증가 공급 비탄력	수요증가 공급 탄력적	★공급증가 수요 비탄력적	공급증가 수요 탄력적
가격: 더 **많이**↑ 양: 더 적게↑	가격: 더 적게↑ 양: 더 **많이**↑	가격: 더 **많이**↓ 양: 더 적게↑	가격: 더 적게↓ 양: 더 **많이**↑

비탄력적 : 가격변화율 〉수요량변화율 : 균형가격이 더 변한다. [비가더]

---

(1) 주택수요의 가격탄력성이 완전탄력적인 경우에 공급이 증가하면
    균형가격은 변하지 않고 균형거래량은 증가한다. [29]　　　　　　　　[×]

(2) 부동산 수요가 증가할 때 부동산 공급곡선이 탄력적일수록
    부동산 가격은 더 크게 상승한다. [27]　　　　　　　　　　　　　　[×]

경제론 017 탄력성 계산

키워드 계산반복

1 가격탄력성의 기본

부동산의 가격이 5% 상승하였는데 수요량이 10% 감소하였다면,
수요의 가격탄력성은?

$$\text{가격탄력성} = \left| \frac{\text{수요량변화율}}{\text{가격변화율}} \right| = \left| \frac{-10}{+5} \right| = \textbf{2.0}$$

2 가격탄력성 응용   가가양

가격이 5% 인상되었다. 수요의 가격탄력성이 2라면 수요량의 변화율은?

= 가격변화율 × 가격탄력성 = 수요량 변화율 [가가양]
= 5%↑ × 2 = **10%↓** (가격이 인상되었으므로 수요량은 감소)

3 가격탄력성, 소득탄력성 결합   가가양 + 소소양

A 부동산에 대한 수요의 가격탄력성과 소득탄력성이 각각 0.4와 0.5이다. A 부동산
가격이 10% 상승하고 소득이 4% 증가할 경우, A부동산 수요량의 전체 변화율(%)은?
(단, A부동산은 정상재이고, 가격탄력성은 절댓값으로 나타나며, 다른 조건은 동일함)

가격탄력성	0.4	소득탄력성	0.5	전체양 변화율
가격변화율	10 ↑	소득변화율	4 ↑	
양변화율	-4	양변화율	2	-4 + 2 = -2% (감소)

4 가격탄력성, 소득탄력성, 교차탄력성 ┊ 가가양 + 소소양 + 교가양

아파트의 가격탄력성은 0.5이고 소득탄력성은 0.4이고, 빌라와의 교차탄력성은 0.6이다. 아파트의 가격과 수요자의 소득과 빌라의 가격이 모두 5% 증가한다면 전체 수요량의 변화율은 몇 %가 되겠는가?

가격탄력성	0.5	소득탄력성	0.4	교차탄력성	0.6	전체양 변화율
가격변화율	5 ↑	소득변화율	5 ↑	A가격변화율	5 ↑	
양변화율	-2.5	양변화율	2	양변화율	3	-2.5+2+3 = 2.5% ↑

5 가격탄력성 + 교차탄력성 ┊ AA : 가격 , AB : 교차

1. 아파트 매매가격이 10% 상승할 때, 아파트 매매수요량이 5% 감소하고 오피스텔 매매수요량이 8% 증가하였다. 이때 아파트 매매수요의 가격탄력성의 정도(A), 오피스텔 매매수요의 교차탄력성(B), 아파트에 대한 오피스텔의 관계(C)는?

> 1) 아아 = 가격탄력성 = $\left|\dfrac{-5}{+10}\right|$ = 0.5, 비탄력
>
> 2) 아오 = 교차탄력성 = $\dfrac{+8}{+10}$ = 0.8, 대체재

2. 아파트 매매가격이 16% 상승함에 따라 다세대주택의 매매수요량이 8% 증가하고 아파트 매매수요량이 4% 감소한 경우에, 아파트 매매수요의 가격탄력성(A), 다세대주택 매매수요의 교차탄력성(B), 아파트에 대한 다세대주택의 관계(C)는?

> 1) 아아 = 가격탄력성 = $\left|\dfrac{-4}{+16}\right|$ = 0.25
>
> 2) 아다 = 교차탄력성 = $\dfrac{+8}{+16}$ = 0.5, 대체재

경제론 018 부동산 경기변동

키워드 경기변동의 국면별 특징

1 부동산 경기변동의 의의

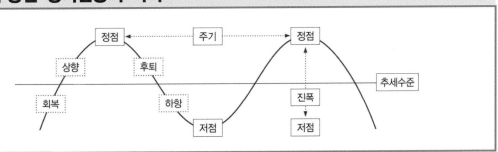

① 부동산 경기변동이란 경기가 상승과 하강을 반복하는 현상이다.
② 부동산 경기는 **회복, 상향, 후퇴, 하향**시장이 순차적으로 반복하며
   이 국면과는 **별개로 안정시장**도 존재한다.

2 부동산 경기변동의 유형

① **순환**요인 : 회복, 상향, 후퇴, 하향국면의 반복 [○○국면, ○○기]
② **추세**요인 : 장기적(30-50년)으로 나타나는 재건축, 재개발등의 변동요인
③ **계절**요인 : 주기적 변동, 매년○월, 여름·겨울 반복
④ **불규칙**요인 : 무작위적 : 비순환적 경기변동 [정부정책, 대책, 규제등]

3 부동산 경기변동의 특징

① **길고크다** : 일반경기보다 주기가 길고 크다. [확장과 수축의 차이가 크다]
② **불불불** : 순환국면이 일정하지 **않고**, 분명하지 **않고**, 규칙적이지 **않다.**
③ **○→〇** : 국지적으로 발생하여 전국적으로 확산된다. [코딱지 → 왕건이]
④ **다르고 다양** : 지역별, 부문별 경기가 모두 다르고, 다양하게 나타난다.
⑤ **한 방에 훅 감** : 회복이 느리고 **후퇴가 빠르다.** [저점에서 정점까지 장기간 소요]

4 부동산 경기변동의 국면별 특징

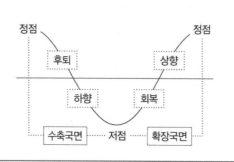

수축국면		확장국면	
후퇴	하향	회복	상향
⬇	⬇	⬆	⬆
매**수**자 우위		매**도**자 우위	
상한선		하한선	

암기코드 **내려가는게 수상해, 올라갈 땐 도하**

① 후퇴, 하향국면 ⬇ : 매**수**자 우위의 시장이면서 기존가격은 **상**한선으로 작용한다.
② 회복, 상향국면 ⬆ : 매**도**자 우위의 시장이면서 기존가격은 **하**한선으로 작용한다.

경제론
019 에치켈의 거미집모형
키워드 발산형, 수렴형, 순환형 구분하기

① 거미집이론은 **공급시차**를 고려한 균형의 형성과정을 **동태적**으로 묘사하는 모델이다.
② 전제1 : 가격이 변하면 수요량은 즉각, **공급량은 일정기간 후** 반응한다고 가정한다.
③ 전제2 : 현재의 수요량은 현재의 가격, **현재의 공급량은 과거 가격**의 영향을 받는다.
④ 전제3 : 공급자는 합리적 **미래 예측없이** 현재의 가격에만 반응한다고 가정한다.

수요와 공급의 상대적 탄력성에 따른 거미집 유형

① **수렴형** : 공급이 비탄력 : (공급) 기울기가 크거나, 탄력성 **작**을 때 [**기큰단짝**]
② **발산형** : 공급이 탄력적 : (공급) 기울기가 **작**거나, 탄력성이 **클** 때
③ **순환형** : 수요와 공급의 탄력성과 기울기가 **같**을 때

암기코드 **공급이 기큰, 탄작이면 수렴형 [기큰단짝 = 수렴형]**

예제1 　서술형 [크다 vs 작다]　　　　　　　　31회, 34회

1. 다음은 거미집이론에 관한 내용이다. ( )에 들어갈 모형형태는?

- 수요의 탄력성의 절댓값이 공급의 가격탄력성의 절댓값보다 크면 (㉠) 이다.
- 수요곡선 기울기의 절댓값이 공급곡선 기울기의 절댓값보다 크면 (㉡) 이다.

㉠ 수요의 탄력성 〉 공급의 탄력성 = 단짝 = **수렴형**
㉡ |수요 기울기| 〉|공급 기울기| = 기작 = **발산형**

예제2 　숫자 제시형　　　　　　　　　　　　24, 27회

2. 다음과 같은 조건에서 거미집이론에 따를 경우, 수요가 증가하면 A 부동산과
　 B 부동산의 모형 형태는?

- A부동산 : 수요곡선의 기울기: − 0.3 , 공급곡선의 기울기: 0.7
- B부동산 : 수요곡선의 기울기: − 0.5 , 공급곡선의 기울기: 0.5

A 부동산 : 공급곡선 기울기의 절대값이 큼 = 기큰 = 수렴형
B 부동산 : 곡선 기울기의 절대값이 같음 = 순환형

예제3 　기울기형　　　　　　　　　　　　　　32회

3. A 주택시장과 B 주택시장의 함수조건이 다음과 같다. 거미집이론에 의한
　 두 시장의 모형형태는?

- A주택시장 : $Qd = 200 - P$, $Qs = 100 + 4P$
- B주택시장 : $Qd = 500 - 2P$, $Qs = 200 + \frac{1}{2}P$

A의 기울기(절대값) = 수요 1 , 공급 $\frac{1}{4}$: 기작 = 발산형

B의 기울기(절대값) = 수요 $\frac{1}{2}$, 공급 $\frac{2}{1}$ = 2 : 기큰 = 수렴형

시장론 020 부동산 시장

키워드 | 부동산 시장의 특성

1 시장의 구분

현실의 부동산 시장은 불완전경쟁시장이나,
이론적 분석을 위해 시장을 완전경쟁시장이라고 가정한다.

완전경쟁시장 (이론적)	불완전경쟁시장 (현실적)
① 다수의 수급자 [무한]	① 소수의 수급자 [제한]
② 동질성 : 일물일가 법칙○	② 이질성 : 일물일가 법칙×
③ 진입장벽×	③ 진입장벽○ [고가성]
④ 완전한 정보 [초과이윤×]	④ 불완전한 정보 [비대칭성]

2 부동산 시장의 특성

① **국지적** : 부동성으로 인해 시장이 **국지화**, 지역적으로 세분화 된다.
  ↳ 국지성으로 인하여 지역별로 특징이 **다르고** 지역간 연계가 거의 없다.

② **수급조절** : 공급의 장기성으로 인해 **단기적**으로 수급조절이 **어렵다.** [단기왜곡]

③ **비공개성** : 거래의 사적경향으로 인하여 정보 공개가 제한적이다.

④ **비표준화** : 개별성으로 인하여 표준화 및 시장 조직화가 어렵다.

⑤ **공매제한** : 개별성으로 인하여 부동산 시장은 공매가 제한된다.

3 부동산 시장의 기능

① **교환기능** : 부동산과 부동산 및 부동산과 현금등의 교환이 일어난다.

② **자원배분** : 소유권의 할당 및 공간배분, 자원배분, 수급조절의 기능이 있다.

③ **양과 질의 조정** : 토지 이용의 전환을 통하여 양과 질의 조정이 일어난다.

④ **이용결정** : 지대지불능력에 따라 토지이용의 유형이 결정된다.

⑤ **가격창조** : 매수인의 제안가격과 매도인의 요구가격의 **접점**에서 가격이 형성된다.

주택 여과현상

키워드   하향여과, 상향여과

주택의 질적변화 및 수요자의 소득변화 ⋯→ 연쇄적 주거이동

① **하향여과** : 상위계층주택이 **하위계층의 주택으로 전환**되는 현상 [고 → 저]
    ↳ 하향여과란 **하위**계층이 고소득층 주택으로 **침입**하는 현상
② **상향여과** : 하위계층주택이 **상위계층의 주택으로 전환**되는 현상 [저 → 고]
    ↳ **재건축, 재개발**로 인해 **상위계층이 유입**되는 현상
③ **전제조건** : 충분한 **공가**(空家) - 신규주택의 공급
④ 주택여과가 긍정적으로 작동하면 주거의 **질이 개선**되는 효과가 있다.
⑤ 하향여과가 지속되면 저가주택의 **공급이 증가**된다.
⑥ 여과현상은 침입과 천이의 현상과 관련이 있다.

주거분리 현상

키워드   주거분리의 의미와 특징을 파악한다.

고소득층 주거지역과 저소득층 주거지역이 서로 분리

고소득층	경계지역인접: 할인	가치상승분 〈 **개조보수비: 하향여과**
경계지역	고소득층인접: 할증 저소득층인접: 할인	비용이 클 때 : 하향여과 가치상승분이 클 때 : 상향여과
저소득층	경계지역인접: 할증	**가치상승분** 〉 개조보수비: **상향여과**

① 고소득층 주택 중 : 경계지역과 인접 : 할인거래
② 경계지역 주택 중 : 고소득층과 인접 : 할증거래
③ 경계지역 주택 중 : 저소득층과 인접 : 할인거래
④ 저소득층 주택 중 : 경계지역과 인접 : 할증거래
⑤ **고소득층주택** : 주택의 가치상승분 〈 개조보수**비용** : **하향**여과
⑥ 저소득층주택 : 주택의 가치상승분 〉 개조보수비용 : 상향여과

시장론 023 효율적 시장이론

키워드 약성, 준강성, 강성, 할당효율적 시장

1 효율적 시장의 의의

① 시장의 **효율성** : 새로운 **정보가 얼마나 지체없이 가치에 반영되는가?**의 개념
② **정보의 구분** : 과거정보, 현재정보, 미래정보로 구분하여 반영
　└ **공표된** 정보 : 과거 + 현재정보 ‖ **공표되지 않은** 정보: 미래정보
③ 정보의 분석 : 기술적 분석 : **과거**정보 분석 ‖ 기본적 분석 : **현재**정보 분석

2 시장별 정상이윤과 초과이윤의 발생

	과거정보	현재정보	미래정보
약성효율적	반영 [정상]	미반영 [초과]	미반영 [초과]
준강성효율적	반영 [정상]	반영 [정상]	미반영 [초과]
강성효율적	반영 [정상]	반영 [정상]	반영 [정상]

① **약성** 효율적 시장 : 과거정보만 반영 ‖ 현재, 미래정보 미반영
　⋯→ 과거정보 분석 : 정상이윤 ‖ 현재, 미래정보를 통해 초과이윤 획득
② **준강성** 효율적 시장 : 과거+현재정보 반영 ‖ 미래정보 미반영
　⋯→ 과거+현재분석 [공표된] : 정상이윤 ‖ **미래정보[공표되지 않은]** : **초과이윤**
③ **강성** 효율적 시장 : 공표된 것 + 공표되지 않은 것 모두 반영
　⋯→ 어떠한 정보를 통해서도 **초과이윤이 발생하지 않음 [강성 초과 없다!]**

3 할당효율적 시장

① 할당효율적 시장이란 **자원배분이 효율적으로 할당된 시장**을 의미한다.
② 할당효율적 시장은 과소·과대평가 같은 **왜곡이 없고, 초과이윤=0**인 시장을 의미한다.
③ 완전경쟁시장은 진정한 의미의 할당효율적 시장이다.
④ **불완전경쟁**시장도 할당효율적 시장이 **될 수 있다.**
　└ **부동산** 시장도 할당효율적 시장이 **될 수 있다.**

암기코드 　할당효율적 시장 : 왜곡×, 초과이윤×, 될 수 있다○

4   정보가치의 계산

복합쇼핑몰 개발사업이 진행된다는 정보가 있다. 합리적인 투자자가 최대한 지불할 수 있는 이 정보의 현재가치는? (29회 응용)

- 복합쇼핑몰 개발예정지 인근에 일단의 A토지가 있다.
- 2년 후 복합쇼핑몰이 개발될 가능성은 60%로 알려져 있다.
- 2년 후 도심에 복합쇼핑몰이 개발되면 A토지의 가격은 6억 500만원, 개발되지 않으면 3억 250만원으로 예상된다.
- 투자자의 요구수익률(할인율)은 연 10%이다.

ㄱ 차액 : 6억 500만원 – 3억 250만원 = 3억 250만원
ㄴ 할인 : 3억 250만원 ÷ 1.1 ÷ 1.1 = 2억 5000만원
ㄷ 안될 : 2억 5000만원 × 0.4 = **1억원**

암기코드	개발정보의 현재가치 산정 = 차(–) , 할인(÷) , 안되요(×)

시장론 024   농업지대 : 리카도의 차액지대설

키워드	비옥도, 수확체감의 법칙, 한계지, 잉여

지대발생 : 토지의 비옥도 (질적차이)

	농지A [우등지]	농지B	농지C [최열등지]
수확량 (가격)	500만원	400만원	300만원
생산비	300만원	300만원	300만원
지대 (이윤)	200만원	100만원	0

① 전제조건 : **비옥한 토지의 희소성, 수확체감의 법칙**을 전제한다.
② 지대발생 : 해당 토지의 생산성과 한계지의 생산성과의 **차액**을 의미한다.
③ **한계지 = 최열등지** : 생산성이 0이므로 **지대가 없다.** [무(無)지대]
④ 지대성격 : **잉여** [가격 – 생산비] ⋯→ 가격이 지대를 결정한다.

암기코드	**니차타고 옥수동 가서 한계없네? A가 B에게 지대루 잉어탕 대접!**

시장론 025 농업지대 : 마르크스의 절대지대설

키워드 소유, 사유화

지대발생 : 소유 (사유화)

① 지대는 개인이 토지를 **독점적으로 소유(사유화)**하는 것에서 비롯된다.
② 절대지대설에 따르면 **한계지(최열등지)**에서도 지대가 발생할 수 **있다.**

암기코드 마장동가서 **소사유~** , 소를 먹으니까 **한계 있네유~**

시장론 026 농업지대 : 튀넨의 위치지대설

키워드 위치, 수송비, 동심원이론, 고립국이론

지대발생 : 위치의 차이에 따른 수송비의 차이

① **튀넨**은 **위치**에 따른 **수송비** 차이로 인해 지대가 발생할 수 있다고 주장하였다.
② 튀넨의 **동심원모형 (고립국이론)** : 수송비를 고려한 **농업입지경쟁**모델

튀넨의 고립국이론

조방농업

집약농업

① 도심 : 수송비 ↓, 지대 ↑
② 외곽 : 수송비 ↑, 지대 ↓
③ 수송비와 지대 : **반비례**
④ 농업의 입지경쟁 (**입찰지대**)
⑤ 도심: **집약** ‖ 외곽: **조방**

지대 = 생산물의 가격 – 생산비 – 수송비

암기코드 **튀**는 **위치**로 **수송**해서 **동**그랗게 **고립**시킴 [A가 B를 납치]

시장론 027 도시지대 : 알론소의 입찰지대설

키워드 입찰경쟁, 최대지불액, 초과이윤=0, 포락선, 우하향

지대발생 : 입찰 (경쟁)

① 알론소는 튀넨의 농업경쟁모델을 **도시공간에 적용**하여 **입찰지대**를 주장하였다.

② **입찰지대의 의미**

ㄱ 토지이용자가 지불하고자 하는 **최대지불액**

ㄴ 토지이용자의 정상이윤과 생산비를 제외하고 남은 **최대**지불용의액

ㄷ 초과이윤이 0이 되는 수준의 지대

③ **토지의 할당 : 최대지불능력**(순현가)을 갖춘 자에게 토지가 우선 할당된다.

④ **입찰지대곡선** : 지대곡선을 연결하여 도출한 **우하향**하는 **포락선**

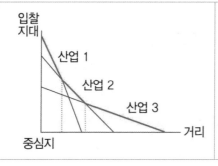

① 곡선의 성격 : **포락선**
    ↳ 최대지불연결곡선

② 곡선의 모양 : **우하향**
    ↳ 외곽으로 갈수록 지대↓

암기코드 을이 키운소가 갑자기 알을 낳게 되고 : **알 낳은 소를 입찰**함!

시장론 028 마샬의 준지대

키워드 토지이외 고정생산요소, 기계·기구 소득, 단기에만 지속됨

① 마샬의 준지대는 **토지이외**의 고정생산요소에 대한 대가로서,
   단기적으로 공급이 제한된 고정생산요소에 대한 대가를 의미한다.

② **준지대의 사례** : 토지개량공사를 통한 이득, **기계**, **기구**를 통해 얻는 소득등

③ 준지대는 단기적 이윤이며, **영구적으로 지속되지는 않는다.**

암기코드 맛샬을 준대, 단기에만 준대, 영구적× [그래도 맛샬은 넘나비싸ㅠ]

시장론 029 파레토 지대

키워드 전용수입, 경제지대, 전용최소, 경제적이윤

지대 (공급자의 총수입 100만원) = 전용수입(60만원) + 경제지대(40만원)

① 파레토는 지대의 구성요소를 **전용수입**과 **경제지대**의 합으로 보았다.

② **전용수입** : 다른 용도로 전용되지 않기 위해 지급되어야 할 **최소수입** [**최소수준**]

③ **경제지대** : 생산요소 공급자의 **잉여분** [**초과이윤**] : 총수입 – 전용수입

④ 공급이 비탄력적일수록 경제지대가 커진다.

암기코드 전, **경제적**으로 **파토**나슈, **전용채소**로 바꿔서 경제적 잉여를 극대화! [수출]

시장론 030 헤이그의 마찰비용이론

키워드 교통비

마찰비용 = 교통비 + 지대

① 헤이그에 따르면 **마찰비용**은 **교통비**와 **지대**의 합계로 구성된다.

② 교통수단이 좋을수록 마찰이 적어지며 지대는 상승하게 된다.

③ 마찰비용이론은 교통비의 절약분이 곧 지대가 된다는 이론이다.

암기코드 에이그 **교통비** 때문에 **마찰**이 있구나ㅠ

시장론 031 공업입지론

키워드 : 수송비, 노동비, 집적이익, 원료지향형, 최대수요이론

1 베버의 최소비용이론 [공급자 관점]

① **공급자** 관점에서 공장입지 선정시 비용 최소화를 강조하는 이론이다.

② **입지선정의 3대 요인 : 운송비, 노동비, 집적이익**을 고려 [**수송비**를 가장 중시함]
    ↳ 최적 공장입지 : 수송비 최소, 노동비 최소, 집적이익은 **최대**가 되는 지점

③ 베버에 따르면 수송비는 원료와 제품의 **무게** 및 수송되는 **거리**에 따라 달라진다.

④ 원료와 제품의 특성에 따라 공장의 입지는 **원료**지향형과 **시장**지향형으로 구분된다.

원료지향형	시장지향형
원료수송비 〉 제품수송비	제품수송비 〉 원료수송비
중량감소산업, 국지원료↑	중량증가산업, 보편원료↑
원료지수〉1, 입지중량〉2	원료지수〈1, 입지중량〈2

2 뢰쉬의 최대수요이론 [수요자 관점]

① 뢰쉬는 **수요자** 관점에서 최적 공장입지를 주장한 모델이다.

② 뢰쉬의 이론은 **수요 측면**에서 경제활동의 공간조직과 상권조직을 파악하는 모델로, **시장의 확대 가능성**이 높은 곳을 최적입지로 보는 모델이다.

암기코드 : **배**로 수송함 (**비용최소화**), 배에서 **수요자**인 **내**시를 만나 소를 완판함!

시장론 032 상업입지 (상권, 점포입지)

키워드 크리스탈러, 레일리, 컨버스, 허프 구분암기

1 크리스탈러의 중심지 이론

① 재화의 **도달범위, 최소요구범위**를 통해
중심지의 **계층구조** 및 상권의 **규모** 차이를 설명하는 모델이다.

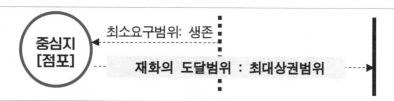

② 중심지 : 배후지에 **재화와 서비스를 공급**하는 지역
③ 최소요구범위 : **정상이윤**을 얻을 만큼의 소비자들을 포함하는 **거리** [반경 100m]
  └ 최소요구치 : 중심지 기능이 유지되기 위한 최소한의 **수요 요구** [최소 100명]
④ 재화의 **도달범위** : 중심지 활동이 제공되는 **최대범위** [**수요 = 0**이 될 때까지]
⑤ 중심지의 성립요건 : 재화의 **도달범위** 〉 최소요구범위
  └ 최소요구 범위가 재화의 도달범위 내에 있어야 중심지가 성립한다.

암기코드 배낚시 → **도다리**를 잡아 **채소**를 넣어 물회를 만들어 **크리스탈** 그릇에 담아 뚝딱!

2 레일리의 소매인력법칙

① 뉴턴의 만유인력법칙(**중력**)을 활용하여,
두 도시 사이에 위치한 소도시 소비자들의 구매패턴을 설명하는 모델이다.

② A도시의 유인력 : A도시의 크기에 비례, **거리의 제곱에 반비례**

$$A의 유인력 = \frac{A의 크기}{A까지 거리^2}$$

③ 상권의 경계는 도시의 **규모가 작은** 쪽에 가깝게 형성된다.

암기코드 B는 고향 **거제도**로 내려가 일자리를 찾기 위해 **내일인력** 사무소로 감

3 컨버스의 분기점모형

분기점 모형은 레일리의 소매인력법칙을 응용하여,
상권의 경계 및 **분기점의 위치**를 도출하는 모형이다.

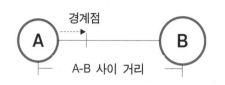

A~분기점 : $\dfrac{A-B\,\text{사이의 거리}}{1+\sqrt{\dfrac{B\text{면적}}{A\text{면적}}}}$

암기코드 큰 **버스**를 타고 **분기점**까지가서 **경계근무**서는 일을 하게 된다.

4 허프의 확률모형

① 허프의 확률모형은 **상권의 규모, 점포의 매출액**을 확률적으로 설명하는 모델로, 대도시내 특정 점포의 **시장점유율**을 산정하는 모델이다.
② **점포선택요인** : 소비자와 점포와의 거리, 경쟁점포 수, 점포의 면적
③ **특이 고려사항** : 실측거리, **시간거리**, 효용(비공간요인)을 모두 고려함
④ 허프에 따르면 소비자의 매장 선택은 **마찰계수**에 따라 달라진다.
⑤ 마찰계수는 접근성을 측정하는 지표로 **교통조건, 물건특성**에 따라 달라진다.
⑥ 교통조건이 나쁠수록 마찰계수가 커진다.
⑦ **전문품**의 경우 일용품에 비해 **마찰계수가 작은** 편이다. [샤넬사러 멀리갈 수 있음]

허프의 확률이론에 따른 A점포의 유인력 = $\dfrac{A의 크기}{A까지\ 거리^{마찰계수}}$

암기코드 무료함을 달래기 위해 **하프 매장**을 오픈, **점포의 매출액**이 올라 주변상인과 **마찰**!

5 넬슨의 소매입지이론

넬슨의 소매입지이론은 특정 점포가 **최대**이익을 얻을 수 있는 **매출**액을 확보하기 위해서 어떤 장소에 **입지**하여야 하는지에 대한 원칙을 제시하는 모델이다.

암기코드 결국 점포의 **최대매출**을 하루만에 **낼름 소매치기** 당함 ㅠ

시장론 033 상권계산사례

키워드 레일리, 컨버스, 허프

1 레일리 계산사례

레일리의 모형에 따라 C 소비자가 A와 B에서 소비하는 월 추정소비액은?
(단, C의 인구는 모두 소비자이고, A, B에서만 소비하는 것으로 가정함)

- A도시 인구: 50,000명, B도시 인구: 32,000명
- C신도시: A도시와 B도시 사이에 위치
- A도시와 C신도시 간의 거리: 5km
- B도시와 C신도시 간의 거리: 2km
- C신도시 소비자의 잠재 월 추정소비액: 10억원

① A도시: 1억원, B도시: 9억원　　② A도시: 1억 5천만원, B도시: 8억 5천만원

③ A도시: 2억원, B도시: 8억원　　④ A도시: 2억 5천만원, B도시: 7억 5천만원

⑤ A도시: 3억원, B도시: 7억원

1) A유인력 = $\dfrac{50,000}{5^2}$ = 2000 ∥ B유인력 = $\dfrac{32,000}{2^2}$ = 8000

2) A : B의 구매지향비율 = 2000 : 8000 = 1 : 4이므로

3) 보기에서 1 : 4인 것을 찾으면 됨 (2억 : 8억)　　　　　정답: ③번

2 컨버스 계산사례

컨버스의 분기점 모형에 기초할 때, A시와 B시의 상권 경계지점은
A시로부터 얼마만큼 떨어진 지점인가? (단, 주어진 조건에 한함)

- A시와 B시는 동일 직선상에 위치하고 있다.
- A시 인구: 20,000명
- B시 인구: 80,000명
- A시와 B시 사이의 직선거리: 6km

$$\text{A로부터 경계지점까지의 거리} : \frac{6km}{1+\sqrt{\dfrac{80,000}{20,000}}} = 2km$$

야매 풀이법 (3! 4!)

1) A와 B사이의 거리를 파악	6km
2) 3 또는 4로 거리를 나눠봄	A) 6 ÷ 3 = 2km B) 6 ÷ 4 = 1.5km

3) 정수로 답이 딱 떨어지는 A가 정답 (2km)
4) 주의점 : 구한 값은 A와 B중 **작은 도시를 기준**으로 산정한 값!

---

3 허프의 확률모형

허프모형을 활용하여, X지역 주민이 할인점 A를 방문할 확률과 할인점 A의 월 추정매출액은 순서대로 산정하면?

- X지역의 현재주민 : 5,000명
- 1인당 월 할인점 소비액 : 20만원
- 공간마찰계수 : 2
- X지역 주민은 모두 구매자이며, A,B,C의 할인점에서만 구매한다고 가정

구분	할인점A	할인점B	할인점C
면적	800m²	1600m²	1800m²
거리	2Km	4Km	3Km

$\dfrac{800}{2^2} = 200$	$\dfrac{1600}{4^2} = 100$	$\dfrac{1800}{3^2} = 200$

① A로의 구매지향비율 = $\dfrac{200}{200+100+200}$ = 0.4 = 40%

② A로 가는 고객수 = 40% × 5000명 = 2000명

③ A의 추정매출액 = 2000명 × 20만원 = 4억원

시장론 034 도시내부구조이론

키워드 버제스, 호이트, 해리스와 울만, 동심원, 부채꼴, 다핵심

---

1 버제스의 동심원이론 [단핵이론]

① 버제스의 동심원이론은 **튀넨의 고립국이론**을 **도시내부구조에 적용**한 모델이다.

② 버제스에 따르면 도시의 발달은 **단핵**이 **동심원** 모양으로 팽창하면서 일어난다.

③ 버제스는 도시발달과정을 **도시생태학적 관점** [**침입, 경쟁, 천이**]으로 묘사하였다.

④ 버제스에 따르면 도시공간은 **5지대**로 확장하며 발달한다.

중심 ⇨ **천이(점이)** ⇨ 근로자(저소득) ⇨ 중산층 ⇨ 통근자
① 천이(점이)지대 : 극빈층 지대, 중심업무와 근로자주택 사이
② 천이(점이)지대 : 고소득층보다 **도심에 가까이** 위치
③ 도심에 가까워질수록 : 범죄, 빈곤, 질병이 **많아짐**
④ 최외곽으로는 통근자지대가 위치함

암기코드 버스타고 **동심**을 찾아 떠나는 **생태계여행** : 버제스는 **침쟁이** [오지게] [안쪽이 천해짐]

---

2 호이트의 선형이론 [단핵이론]

① 호이트는 미국 전역의 **고급주택** 분포를 조사하여 도시내부구조를 설명하였다.

② 호이트에 따르면 도시의 발달은 **교통망**을 따라 **부채꼴** 모양으로 확대된다.
  [**부채꼴 = 선(扇)형 = 쐐기형(wedge)**]

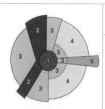

중심업무지대⋯▶도매 · 경공업⋯▶저급⋯▶중급⋯▶고급주택순
① **고소득층** 주거지는 주요 교통노선을 축으로 하여 **접근성이 양호한** 지역에 입지함 [외곽]
② 도시의 공간구조는 **소득 및 교통**의 발달과 밀접한 관련

암기코드 갑자기 버스가 멈추고 둘리탈을 쓴 사람이 들어와 **부채들고 호잇호잇** 춤을 춤~

3 해리스와 울만의 다핵심이론 [다핵이론]

① 해리스와 울만의 이론은 도시내부구조는 단핵의 구조가 아니라,
   몇 개의 분리된 핵이 점진적으로 통합됨에 따라 도시구조가 형성된다는 이론이다.

② 다핵심이론의 핵심요소에는 **공업, 소비, 고급주택**등이 있으며,
   도시성장에 맞춰 핵심의 수가 증가하고 특화될 수 있다.

③ **다핵의 성립1 : 동종**의 **집적(集積)**성향
   ↳ 동종 [유사] 업종은 서로 **집중**하고, **집적**하고 **양립**하는 속성이 있음

④ **다핵의 성립2 : 이종**의 **분산(分散)**성향
   ↳ 이종 [이질] 업종은 서로 **분산**하고, **산재**하고, **비양립**하는 속성이 있음

⑤ 업종별 입지조건의 차이나 지대지불능력의 차이도 다핵화 원인이 될 수 있다.

암기코드 둘리탈을 벗겨보니 A이더라... **A는 해리스, B는 울만.. 둘이 다해 먹는** 이야기~

정책론 035 부동산 문제

키워드 #지가고 #PIR #RIR #최저주거기준

1 부동산 문제

① 부동산의 문제는 토지문제와 주택문제가 있다.

② 토지문제는 부증성으로 인한 물리적(부족)문제와 경제적(지가고) 문제가 있다.

③ 주택문제는 양적문제(부족)와 질적문제(주거환경)의 문제가 있다.

④ 주거비부담의 측정지표로는 **PIR, RIR**이 있다.

  ㉠ PIR(**Price** Income Ratio) : 소득대비 주택가격비율 → **높을수록 부담**이 큼

  ㉡ RIR(**Rent** Income Ratio) : 소득대비 전월세비율 → **높을수록 부담**이 큼

⑤ 주택의 수요는 수요(demand)와 소요(needs) 계층이 존재한다.

⑥ 주택 **소요**(needs)는 **최저주거기준에 미달**하는 극빈의 수요계층을 의미한다.

주거기본법 ▎ 최저주거기준

국토교통부장관은 국민이 쾌적하고 살기 좋은 생활을 하기 위하여 필요한 최소한의 주거수준에 관한 지표로서 최저주거기준을 설정·공고하여야 한다.

정책론 036 시장실패

키워드 #지가고 #PIR #RIR #최저주거기준

① 시장실패란 **자원의 적정분배를 자율적으로 조정하지 못하는** 상태를 의미한다.

② 시장실패는 **수요와 공급의 불균형** 및 거래질서의 문란등으로 인해서 초래된다.

1 시장실패의 원인 1 : 불완전경쟁, 정보의 비대칭성

불완전경쟁, 정보의 비대칭성등, 공공재, 외부효과등

① **불완전경쟁** : **소수**의 수급자, 제품의 **이질성**, **진입장벽**, 정보의 **비대칭성**

② 정보의 **비대칭성** : 정보의 불균등한 분배로 인한 가격 **왜곡**이 발생할 수 있음

2 시장실패의 원인2 : 공공재의 문제

① 공공재는 정부가 세금이나 기금을 투입하여 공공이 함께 사용하도록 고안된 재화이다.

② **공공재의 종류** : 국방, 치안, 소방, 초등교육등

③ 공공재가 시장실패를 유발하는 이유는 다음과 같다.
    ㉠ **비경합성** : 소비경쟁이 발생하지 않는다 : 동시소비성
    ㉡ **비배제성** : 요금을 내지 않아도 소비로부터 배제되지 않는다 : 요금×, 소비○
    ㉢ **무임승차** : 비용을 부담하지 않고 소비하려는 속성이 생긴다.
    ㉣ **과소생산** : 사적시장에 맡기면 공공재의 공급은 **과소생산**의 문제가 발생한다.

3 시장실패의 원인3 : 외부효과의 문제

① 외부효과는 지리적 위치의 고정성(부동성)과 인접성으로 인해 발생한다.

② **외부효과의 의미** : 어떤 경제주체의 활동이 제3자에게,

① 의도하지 **않게**	의도×
② 시장을 통하지 **않고** 경제적 후생에 영향을 끼치는데	시장×
③ 이에 대한 보상을 받거나 주지 **않은** 상태를 의미한다.	보상×

③ 외부효과는 정(+)의 외부효과와 부(−)의 외부효과로 구분된다.

정(+) [외부경제]	부(−) [외부불경제]
제3자, 의도×, **이익**, 보상×	제3자, 의도×, **손해**, 보상×
• 비용 : **사적비용** 〉 사회적 비용 • 편익 : **사회적 편익** 〉 사적편익	• 비용 : **사회적 비용** 〉 사적비용 • 편익 : **사적 편익** 〉 사회적편익
내 돈 쓰고 남 좋은 일	남이 돈 쓰고 내가 재미 봄

과소생산	최적 균형량	과대생산
장려 : 보조금, 세금감면	정책	규제 : 벌과금, 중과세
PIMFY [적극적 유치]	사회적 현상	NIMBY [유치반대]

정책론 037 정부의 시장개입수단

키워드 직접적, 간접적, 토지규제

직접적 개입	간접적 개입
수급역할	수급조절
공영개발, 공공토지비축 공공임대, 공공투자사업 도시개발사업 [수용, 환지방식]	보조금, 조세, 금융 개발부담금, 정보체계(공시제도) [종합부동산세, 취득세, LTV, DTI등]

암기코드 간접적 개입 : **보 · 조 · 금 · 개부담 · 공시**

직접적, 간접적 개입 외에도 토지이용규제도 있다. [예 지역지구제]

정책론 038 토지정책1 : 지역지구제

키워드 법적, 행정적으로 구속하고 제한하는 토지규제

토지이용규제 : 법적, 행정적으로 구속하고 제한

① 용도지역 · 지구제는 토지이용계획의 내용을 구현하는 **법적 · 행정적 수단**으로, **부의 외부효과를 제거**하고 **사회적 후생손실을 완화**하기 위한 목적으로 실시된다.

② 국토의 계획 및 이용에 관한 법률에 따라 용도지역, 용도지구, 용도구역으로 구분된다.

③ **용도지역 : 토지이용 효율화, 공공복리 증진**을 도모하기 위한 목적 [도시 · 군관리계획]
  ㉠ **용도지역 : 도시지역, 관리지역, 농림지역, 자연환경보전지역**
  ㉡ 용도지역 중 **도시지역 : 주거지역, 상업지역, 공업지역, 녹지지역**
  ㉢ 도시지역 중 **주거지역 : 전용[1종, 2종]주거, 일반주거[1종, 2종, 3종], 준주거지역**
  ㉣ **1종 전용 : 단독주택 중심 , 2종 전용 : 공동주택 중심 : 양호한 환경**

④ 용도지구 : 용도지역의 제한을 강화하거나 완화할 목적으로 지정

⑤ 용도구역 : 시가지의 무질서한 확산방지, 계획적 · 단계적 토지이용의 도모등

⑥ **중복지정: 용도지역 + 용도지역 : 불가** ‖ 지역+지구 : 가능 ‖ 지구+지구 : 가능

⑦ **지구단위계획 :** 도시·군계획 수립 대상 지역의 **일부**에 대해,
  ↳ 토지 이용 합리화, **기능증진. 미관개선**, 양호한 환경확보를 목적으로 지정

정책론 039 토지정책2 : 개발권양도제(이전제)

키워드 손실보상책

토지이용규제에 따른 손실보상책

① 개발권 양도제는 토지이용 **규제로 인해 발생**한 토지소유자의 **손실을 보상**하고자
하는 제도이지만, 아직까지 우리나라에서는 **미실시** 되고 있는 정책이다.

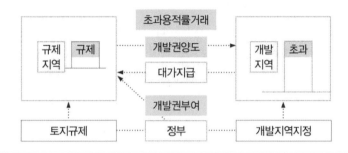

② 토지의 소유권에서 개발권을 분리시켜 보상책으로 **개발권(용적률)**을 부여한다.

③ 규제지역의 토지소유자는 이 개발권을 양도하여 손실에 대한 보상을 받게 된다.

④ 시장을 **통하여** 손실보상을 시도하는 정책으로, 정부개입은 **최소화** 된다.

⑤ 현재 우리나라에서는 **미실시** 중이다.

정책론 040 토지정책3 : 공공토지비축제도 (토지은행)

키워드 공익사업용지의 공급, 직접적 개입, LH

공익사업용지의 원활한 공급과 시장안정을 도모

① **공공토지비축에 관한 법률**에 따라 국토교통부장관이 계획하고,
한국토지주택공사(LH)가 직접 미개발 토지를 매입·비축·공급하는 **직접적 개입**정책

② 협의매수를 원칙으로 하며 (양도의사를 전제함)
한국토지주택공사(LH)가 직접 매입, 비축(토지은행), 관리를 담당한다.

③ **장점** : 적기 · 적가 공급 ‖ 보상비 완화 ‖ 협의매수 : 재산권 침해 적은 편

④ **단점** : 과도한 토지매입비용 ‖ 관리비용

토지정책4 : 토지공개념

정책론 041

키워드 공개념 3법, 시행/미시행 구분

토지공개념에 따라 현재 개발이익환수제도만 시행중

① 토지공개념은 부증성을 기반으로 사회성과 공공성을 강조하는 개념이다.
② 토지공개념은 개인의 소유권은 인정하되, 제한 가능성을 인식하는 개념이다.
③ 토지공개념 3법 [1989년]
  ㉠ 택지소유상한제, 토지초과이득세, 개발이익환수제 도입
  ㉡ 현재 ★택지소유상한제, 토지초과이득세는 폐지되고,
  ㉢ 개발이익환수에 관한 법률에 따라 개발이익환수제도는 시행중

토지정책5 : 개발이익환수제

정책론 042

키워드 불로소득 환수, 개발부담금

개발사업과정의 불로소득을 환수하는 정책 [개발부담금] : 토지에 해당

① 개발이익환수제도는 개발사업 과정에서 발생하는 불로소득을 환수하는 제도이다.
② 개발이익환수제도는 개발이익환수에 관한 법률에 따라 현재 시행중인 정책이다.
③ 개발이익이란 개발사업의 시행, 토지이용계획의 변경에 따라
  토지소유자에게 귀속되는 정상지가 상승분을 초과하는 이득이다.
④ 개발부담금이란 해당 법률에 따라 국가가 부과, 징수하는 금액을 의미한다.
⑤ 현재 재건축과정의 초과이익을 환수하기 위하여 재건축초과이익환수에 관한 법률
  에 따라 재건축부담금제도가 시행되고 있다.

	개발이익환수제	재건축초과이익환수제
대상	토지	주택
법률	개발이익환수에 관한 법률	재건축초과이익환수에 관한 법률
환수	개발부담금	재건축부담금

정책론 043 토지정책6 : 토지적성평가제도

키워드 개발과 보전이 경합할 때

① 토지적성평가란 **개발과 보전이 경합**할 때 이를 합리적으로 조정하는 평가체계이다.

② 토지적성평가는 토지의 **토양·입지·활용가능성** 등을 입체적으로 평가하는 체계이다.

정책론 044 토지정책7 : 부동산 거래신고등에 관한 법률

키워드 부동산 거래신고제도, 토지거래허가구역, 토지선매제도

1 부동산 거래신고제도

부동산 거래신고 제도는 매매계약 체결시 그 실제 거래가격을
계약체결일로부터 30일내 **시장·군수·구청장**에게 신고하는 제도이다. [계·3·시]

2 토지거래허가구역

① **지정권** : 국토교통부장관 또는 시·도지사가 토지의 **투기적인 거래가 성행**하거나
지가가 급격히 상승하는 지역에 대해서 **5년** 이내의 기간을 정하여 지정

② **허가권** : 토지거래허가구역에 있는 토지에 대해 소유권·지상권을 이전하거나
설정하는 계약을 체결할 때는 **시장·군수·구청장의 허가**를 받아야 함

3 토지선매제도

토지선매제도란 시장·군수 또는 구청장이 토지거래에 관한 허가신청이 있을 때 국가,
지자체, LH등을 선매자(先買者)로 지정하여 **(협의) 매수**하게 하는 제도이다. [수용×]

정책론 045 현재 시행중 vs 미시행 정책

키워드 미실시 정책을 정확히 암기!

택지소유상한제	미실시	토지초과이득세	미실시
실거래가신고	실시	개발부담금제	실시
개발권양도제	미실시	재건축초과이익환수	실시
개발이익환수	실시	재개발초과이익환수	미실시

정책론 046 임대주택정책 1 : 임대료 상한제 (규제)

키워드 전월세상한제 , 신선하지 않고 상한제도!

① 임대료상한제는 임대료 또는 임대료 상승률을 일정범위 내로 **규제**하는 정책이다.

② 임대료상한제는 가격통제(최고(最高)임대료), 비율통제(인상비율제한) 방식이 있다.

③ 현재 우리나라는 **전월세상한제**를 통해 재계약시 비율제한 방식을 활용하고 있다.

④ 상한제의 전제조건 : 균형임대료보다 **낮게** 규제해야 한다. [높다면 아무변화×]

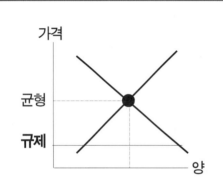

실시효과 [장기]	
임대료하락 ⟶ **초과수요 + 공급감소**	
수요측면	**공급측면**
집 구하기 어려움	투자저하↓
주거이동↓	질적저하↓
주거환경↓	다른 용도전환

임대료상한제로 인한 초과수요는 단기에서 **장기**로 갈수록 커짐

⑤ 임대료상한제는 **임대주택의 공급을 위축**시키고, 다양한 부작용을 초래한다.

정책론 047 임대주택정책 2 : 임대료 보조제 (보조)

키워드 바우처, 주거급여, 보조개가 생기는 행복한 제도!

① 임대료 보조는 저소득 임차인에게 임대료를 지원하는 정책이다.

② 임대료 보조는 수요자 보조방식, 공급자 보조방식으로 구분할 수 있다.

③ 수요자 보조 : 주거급여, 주택바우처 등이 있으며 임차인의 효용증대 효과가 있다.
  ↳ **바우처 : 교환권**, **쿠폰**등을 활용하여 보조금을 지급하는 방식

④ 공급자 보조 : 시장보다 낮은 임대료로 정부가 직접 주택을 공급하는 정책
  ㉠ 정부가 시장임대료보다 낮게 공적 주택을 공급하는 방식으로 보조
  ㉡ 공공주택 거주자는 사적주택과의 임대료 **차액만큼 보조**효과를 누림
  ㉢ 공공주택의 공급은 임차인이 임대주택을 **자유롭게 선택할 수 없는** 단점이 있음
  ㉣ 임차인의 **자유로운 주거선택을 보장**하기 위해서는 **수요자** 보조방식이 유리함

⑤ 임대료 보조는 임차인의 효용을 증대시키고, **임대주택의 공급을 증가**시킨다.

정책론 048 임대주택정책 3 : 공공임대주택의 종류

키워드 공공주택특별법, 민간임대주택특별법

1 공공주택특별법에 따른 분류

① **영구임대주택** : **최저계층대상** : **50년 이상** 영구적 임대를 목적으로 함

② **국민임대주택** : **저소득**서민대상 : 30년 이상 장기간 임대를 목적으로 함

③ **행복주택** : **대학생, 사회초년생, 신혼부부**등 젊은 층의 주거안정을 목적으로 함

④ **통합공공임대주택** : 최저계층, 저소득 서민, 젊은 층, 장애인, 국가유공자등에게

⑤ **장기전세주택** : **전세계약**의 방식으로 공급하는 공공임대주택

⑥ **분양전환공공임대주택** : 일정기간 임대 후 분양목적할 목적으로 공급함

⑦ **기존주택등매입임대주택** : 기존주택등을 **매입**하여 저소득층등에게 공급하는 주택

⑧ **기존주택전세임대주택** : 기존주택을 **임차**하여 저소득층등에게 **전대(轉貸)**하는 주택

2 민간임대주택에 관한 특별법에 따른 분류

① 민간**건설**임대주택 : 임대사업자가 임대를 목적으로 **건설**하여 임대하는 주택

② 민간**매입**임대주택 : 임대사업자가 매매등으로 **소유권을 취득**하여 임대하는 주택

③ **공공지원민간임대주택** : 민간임대주택을 **10년 이상** 임대할 목적으로 취득하여
임대료 및 임차인의 자격제한 등을 받아 임대하는 민간임대주택 [**공지민 10살!**]

> · 주택도시기금의 출자를 받아 건설 또는 매입하는 민간임대주택
> · 공공택지 등을 매입 또는 임차하여 건설하는 민간임대주택

정책론 049 분양주택정책1 : 분양가상한제

키워드 분양가 규제, 공급위축, 가수요

① 분양가상한제는 **분양가격을 시장가격 이하로 규제**하는 정책이다.

② 분양가상한제는 주택가격안정 및 신규주택 구입부담을 완화시키는 것이 목적이다.

③ 분양가상한제를 실시하면 신규주택 구매부담은 감소하지만,
   신규 **분양주택의 공급위축** 및 **분양주택의 질적하락**에 대한 우려가 있다.

④ 분양가격의 하락이 예상되므로 **가수요(假需要 - 투기)**가 발생할 우려가 있다.

주택법 | **분양가상한제**

① 사업 주체가 공급하는 공동주택 중 아래 주택에 대해 분양가상한제를 적용한다.
   1. **공공택지**에서 공급하는 공동주택
   2. 국토부장관이 **주거정책심의위원회**를 거쳐 지정하는 주택

② ★ **도시형 생활주택**에는 분양가상한제는 적용되지 않는다.

③ 분양가격은 택지비와 건축비의 합계로 구성됨

④ 분양가상한제 적용 시 해당 분양권에 대하여는 **전매제한 가능**

정책론 050 분양주택정책2 : 선분양과 후분양제도

키워드 선분양은 공급자 중심, 후분양은 소비자중심의 분양체계

	선분양	후분양
분양시점	착공시점 분양	완공시점 분양
구매방법	분할 (계약금 및 잔금)	일시불
초기 공사비	주택구매자	건설사
자금조달	용이함	어려움
주택품질	품질 저하 우려	품질 개선 기대
비교구매	어려움	용이함
가수요	투기 가능성 ↑	투기 가능성 ↓
유-불리	공급자 입장유리	수요자 입장유리

정책론 051 부동산 조세구분

키워드 취득단계, 보유단계, 처분단계, 국세, 지방세 구분

구분	취득	보유	처분
국세	상속세, 증여세, 인지세	종합부동산세	양도소득세
지방세	취득세, 등록면허세	재산세	지방소득세

취득세	취득단계	지방세	
재산세	보유단계	지방세	
종합부동산세	보유단계	국세	
양도세	처분단계	국세	

취득 거 처분
취 양
지 ─── 국
재 종
보유 보 보유

정책론 052 부동산 조세부과의 경제적 효과

키워드 전가와 귀착, 양도세의 중과효과, 헨리조지

1 조세의 전가와 귀착

① 조세의 전가(轉嫁) : 세부담의 일부 또는 전부가 **제3자에게 이전**되는 현상이다.
② 조세의 귀착[낙착] : 최종적 **세부담의 결과**를 의미한다.

조세의 전가와 귀착은 수급의 상대적 탄력성에 의해 결정됨

① 탄력성이 작을수록 = **비탄력**적일수록 조세**부담이 커진다.**
  ㉠ **수요의** 탄력성이 공급의 탄력성보다 **클 때 : 공급자** = 임대인의 부담이 큼
  ㉡ **수요가 비**탄력적이고, 공급이 탄력적이라면 : **수요자** = 임차인의 부담이 큼
② **완전비탄력적**일 경우 = 완전비탄력적인쪽이 세금을 **100%** 부담한다.
  ↳ **공급이 완전비**탄력적일 경우 : **공급자**(임대인)가 조세를 100% 부담하게 된다.
③ **완전탄력적**일 경우 = 완전탄력적인쪽이 세금을 **0%** 부담한다. [상대방 100%]
  ↳ **수요가 완전탄력적**일 경우 : **공급자**(임대인)가 조세를 100% 부담하게 된다.

2 양도소득세 중과에 따른 경제적 후생의 변화

① **양도소득세가 중과**되면 부동산의 보유자들은
   가급적 거래를 **뒤로 미루려** 하며, 주택 **보유기간이 늘어나는** 현상이 발생한다.
② 즉, 양도소득세의 중과는 시장에서 **동결효과**를 유발한다.
③ **양도소득세가 중과**되면 **동결효과**로 인해 **공급이 감소**하며 **가격이 상승**하게 된다.

수요가 비탄력, 공급이 탄력적일 때 양도세가 중과되면?	
① 양도소득세의 대부분을 비탄력적인 수요자가 부담	전가 = 왜곡
② 매수인의 지불가격은 세금만큼 높아짐	소비자 잉여↓
③ 매도인의 수입은 세금만큼 낮아짐	생산자 잉여↓
④ 세수입 증가분은 정부에 귀속됨	경제적 순손실○
⑤ 수요와 공급이 탄력적일수록	경제적 순손실 폭 커짐

3 헨리조지의 토지단일세

① 헨리조지는 19세기 후반에 토지의 공개념 및 **토지단일세**론을 주장한 학자이다.
② **헨리조지의 토지단일세 :**

> 다른 모든 조세는 철폐하고, 토지에서 발생하는 수입을
> 100% 징세하면 토지세 수입만으로 재정이 충당된다
> [토지의 몰수가 아닌 지대의 몰수를 주장함]

③ 헨리조지는 또한 토지 보유세의 강화를 주장하였는데,
   공급이 비탄력적인 토지에 대한 **보유세 강화**는 자원배분의 **왜곡을 초래하지 않는**
   효율적인 세금이라고 주장하였다.

투자론 053 부동산 투자의 특징

키워드 인플레이션햇지 ,소득이득, 자본이득, 레버리지

① 부동산 투자는 **인플레이션**(inflation)을 **햇지**(hedge) : **방어**하는 기능이 있다.
　㉠ 인플레이션 : 실물가치 상승과 더불어 **화폐가치(구매력)가 하락**하는 현상
　㉡ 인플레이션기에 부동산을 보유하면 **구매력하락**으로부터 투자자를 **방어**할 수 있음

② 부동산 투자는 투자 수입이 2가지로 발생한다는 장점이 있다.
　㉠ **소득이득** : **영업**을 통한 이득 = **임대사업**이득 = 세후현금흐름
　㉡ **자본이득** : **처분**을 통한 이득 = **매매차익**이득 = 세후지분복귀액

③ 부동산 투자는 감가비용, 이자비용에 대한 **절세효과**가 있다.

④ 부동산 투자는 **타인자본**을 통하여 자기자본수익률을 극대화 할 수 있다.

---

(1) 부동산은 인플레이션 상황에서 화폐가치 하락에 대한 방어수단으로 이용될 수 있다. [25]　　　　　　[O]

투자론 054 레버리지 효과

키워드 레버리지, 지렛대, 타인자본

1 레버리지(leverage) 효과의 의의

레버리지 = leverage = 지렛대 : 타인자본(대출)

① 레버리지란 **타인자본**이 **자기자본수익률**에 미치는 **효과**를 의미한다. [+, -, 0]

② 레버리지의 사례로는 **저당권**(대출), **전세**(gap투자)가 있다.

③ 레버리지를 도입하여 대부비율(LTV)이 커질수록
　↳ 지렛대 효과는 **커지지만** 상환부담이 **증가**하여, 결국 채무불이행 **위험은 커진다.**

---

(1) 부동산투자자는 담보대출과 전세를 통해 레버리지를 활용할 수 있다. [34]　　[O]

(2) 타인자본의 이용으로 레버리지를 활용하면 위험이 감소된다. [27]　　　　[×]

2 레버리지(leverage) 계산사례

투자에서 타인자본을 활용하지 않는 경우(ㄱ)와
타인자본을 60% 활용(ㄴ)하는 경우 각각의 1년간 자기자본수익률(%)은?

- 총 투자액 : 1억원
- 차입 조건 : 금리 연 8%
- 대출기간 동안 매 1년 말에 이자만 지급하고 만기에 원금일시상환
- 1년간 순영업소득(NOI) : 1,000만원
- 1년간 임대주택의 가격 상승률 : 2%

$$자기자본수익률 = \frac{총수입 - 이자비용}{지분투자액} = [\ 총 - 이\ ]\ /\ 지$$

(ㄱ) 타인자본 없음		(ㄴ) 타인자본 60%	
① 총투자 = 1억 , 지분 = 1억	1200만	① 융자 : 6000만, 지분: 4000만	1200만
② 총= 1000+(1억×2%) = 1200만	-0원	② 총 = 1200만원	-480만
③ 이자 = 0원	÷1억원	③ 이자 = 6000만×8% = 480만	÷4000만원
④ 지분 = 1억원	→ 12%	④ 지분 = 4000만	→ 18%

타인자본수익률 [금리]	총투자수익률 [전체]	지분투자수익률 [내꺼]
8%	12%	18%

3 레버리지(leverage) 효과의 판단

① 정(+)의 레버리지 : 융자비율이 커질수록 **자기자본수익률이 증가[+]**
  ㉠ **자기자본수익률** 〉 전체투자수익률 〉 **타인자본수익률**
  ㉡ **지분수익률** 〉 총투자수익률 〉 **저당수익률 (금리)**

② 부(-)의 레버리지 : 융자비율이 커질수록 **자기자본수익률이 감소[-]**
  ㉠ **타인자본수익률** 〉 전체투자수익률 〉 **자기자본수익률**
  ㉡ **저당수익률(금리)** 〉 총투자수익률 〉 **지분수익률**

③ **중립적** 레버리지 (0의 지렛대 효과)
  ↳ 수익률이 **동일할** 때, 변하지 않을 때, **영향을 미치지 않을 때**

투자론 055 부동산 투자의 위험

키워드   분산, 표준편차, 사금법인유

① 위험의 의미 : 예상값과 실제값이 달라질 가능성을 의미한다.

② 위험의 측정 : **분산** 및 **표준편차, 변이계수**로 측정한다.

   ↳ 분산, 표준편차, 변이계수가 **작다** = 위험이 **낮은** 투자안을 의미한다.

③ 위험의 유형 : 사업상, 금융적, 법률적, 인플레이션, 유동성 위험으로 구분된다.

④ **사업상** 위험 : **수익성 악화**위험 – 시장, 위치, 운영위험으로 인한 수익성 악화

⑤ **금융적** 위험 : **채무불이행** 위험 – 원리금상환부담, 전액 지분투자시 제거가능

⑥ **법률적** 위험 : **재산권** 위험 – 정부정책, 규제, 법률등에 기인함

⑦ **인플레이션** 위험 : **구매력 하락**위험 (화폐가치의 하락)

   ↳ 금융기관의 경우 인플레이션 위험을 대비하기 위해 **변동금리 대출을 선호함**

⑧ **유동성** 위험 : **현금화** 위험 – 부동산의 낮은 **환금성**에 기인하는 현금화 문제

투자론 056 부동산 투자 수익률

키워드   기대수익률, 요구수익률, 실현수익률

1   수익률의 구분

① **기대수익률** : **예상수입**과 **예상**지출로 **계산(가중평균)**한 수익률을 의미한다.

② **요구수익률** : 투자채택을 위해 보장되어야 하는 **최소, 필수수익률**을 의미한다.

③ **실현수익률** : 투자가 이루어지고 난 **후** 달성될 수익률로 의사결정과는 무관하다.

2   기대수익률 : 상황별 가중평균으로 계산

시장상황	발생확률	수익률	상황별 기대치
낙관적	50%	12%	$50 \times 12 = 600$
정상적	20%	10%	$20 \times 10 = 200$
비관적	30%	5%	$30 \times 5 = 150$
기대수익률	가중평균 = 600+200+150 = 950 ÷100 = 9.5%		

3 요구수익률

> 투자 채택을 위한 보장치 : 최소수익률, 필수수익률, 기회비용

> 요구수익률 = 무위험률 + 위험할증률

무위험률 [시간대가 = 기회비용]	위험할증률 [대가 = 보상률]
① 위험이 거의 **없는** 수익률	① 위험할증률 = 위험프리미엄
② 예금금리, 국채수익률등	② 위험↑ : 위험할증률↑
③ 위험과 무관 [일반 경제상황 영향]	③ 위험↑ : 요구수익률↑
④ 무위험률↑ : 요구수익률↑	④ 위험과 요구수익률은 **정비례**

(1) 금리상승은 투자자의 요구수익률을 상승시키는 요인이다. [33, 34]　　　　[O]

(2) 무위험률의 하락은 투자자의 요구수익률을 상승시키는 요인이다. [29]　　　[×]

4 투자안의 채택기준

> 채택기준 : 기대수익률 ≧ 요구수익률

① 투자안의 **기대수익률**이 요구수익률보다 **크거나** 같을 때 **채택**된다.

② 투자안의 **요구수익률**이 기대수익률보다 **작을 때** 채택된다.

③ 기대수익률이 작거나 요구수익률이 클 경우에는 투자안이 기각된다.

암기코드　　**기큰**요자가 **채택**된다. [기대가 크거나 요구가 작을 때]

---

(1) 기대수익률이 요구수익률보다 작은 경우 투자안이 채택된다. [27]　　　[×]

(2) 투자안이 채택되기 위해서는 요구수익률이 기대수익률보다 커야 한다. [26]　[×]

(3) 기대수익률이 요구수익률보다 높을 경우 투자가치가 있다고 판단한다. [32]　[O]

투자론 057 위험의 처리 및 관리방안

키워드 회피, 전가, 보수적 예측, 위험조정할인율, 민감도 분석

① 위험의 **회피** : 위험한 투자안을 투자 대안에서 **제외**하는 방법이다.

② 위험의 **전가** : 위험을 **제3자**에게 **떠넘기는** 방법이다. 📋 보험, 계약등

③ **보수적** 예측 : 가능한 한 수익을 **낮게**, 위험은 높게 예측하는 방법이다.

  ↳ 보수적 예측 : **기대수익률의 하향조정** [비관적 예측]

④ **위험조정할인율법** : 위험조정할인율이란 위험에 따라 조정된 할인율을 의미한다.

  ㉠ 위험이 커질수록 **할증률을 더해[↑]** 나가는 방법이다.

  ㉡ 위험이 커질수록 **높은[↑] 할인율**을 적용하여 분석하는 방법이다.

  ㉢ 위험이 커질수록 **요구수익률을 상향**조정하는 방법이다.

⑤ **민감도(감응도)분석** : 투자효과를 분석하는 모형의 **투입요소(변수)**가 변화함에 따라 **수익성(결과)**에 어떠한 영향을 미치는가를 분석하는 방법이다.

---

(1) 보수적 예측방법은 투자수익의 추계치를 하향조정함으로써, 미래에 발생할 수 있는 위험을 상당수 제거할 수 있다는 가정에 근거를 두고 있다. [28]   [O]

(2) 위험조정할인율은 장래 기대되는 수익을 현재가치로 환원할 때 위험에 따라 조정된 할인율이다. [25]   [O]

(3) 위험조정할인율을 적용하는 방법으로 장래 기대되는 소득을 현재가치로 환산하는 경우, 위험한 투자안일수록 낮은 할인율을 적용한다. [28]   [×]

(4) 민감도분석은 투자효과를 분석하는 모형의 투입요소가 변화함에 따라, 그 결과치에 어떠한 영향을 주는가를 분석하는 기법이다. [28]   [O]

(5) 민감도분석을 통해 미래의 투자환경 변화에 따른 투자가치의 영향을 검토할 수 있다. [33]   [O]

투자론 058 평균 - 분산 지배원리

키워드 평균, 분산, 변이계수

평균-분산 지배원리: 투자안의 **수익률(평균)**과 **위험(분산)**을 통해 투자안을 선택하는 논리

지배원리1	평균이 동일할 경우 **분산이 낮은** 투자안 선택
지배원리2	분산이 동일할 경우 **평균이 높은** 투자안 선택

다음 제시된 A, B, C, D, E 투자안 중 최적 투자안은?

구분	A	B	C	D	E
평균(수익률)	2	4	6	6	8
분산(위험)	2	2	4	5	6

① 투자안 B는 A를 지배하고, 투자안 C는 D를 지배한다.

② 지배관계를 통해 최종적으로 선택되는 **B, C, E를 효율적 투자대안**이라고 한다.

③ 보수적 투자자는 투자안 B를 선택하고, 공격적 투자자는 E를 선호한다.

④ 만약 B, C, E 중에 하나를 선택할 때는 **변이계수**를 활용할 수도 있다.

⑤ **변이계수**란 수익 한 단위당 **위험**을 나타내는 지표이다. [$\frac{분산(위험)}{평균(수익률)}$]

B	C	E
$\frac{2}{4}$ = 0.5	$\frac{4}{6}$ = 0.666...	$\frac{6}{8}$ = 0.75

⑥ 변이계수를 기준으로 가장 안전한 투자안은 그 값이 **가장 낮은 B**이다.

---

(1) 평균-분산 지배원리로 투자 선택을 할 수 없을 때 변동계수(변이계수)를 활용하여 투자안의 우위를 판단할 수 있다. [29]　　　　　　　　　　[O]

(2) 위험회피형 투자자는 변이계수(변동계수)가 작은 투자안을 더 선호한다. [34] [O]

효율적 투자전선

투자론 **059**

키워드 동일위험, 최고수익, 우상향, 접점

효율적 투자전선이란 평균-분산 지배원리에 따라 선택된 효율적 투자대안을 연결한 선으로 **동일 위험**선상 **최고 수익을 거두는 투자안을 연결**한 포트폴리오이다.

구분	A	B	C	D	E
평균(수익률)	2	4	6	6	8
분산(위험)	2	2	4	5	6

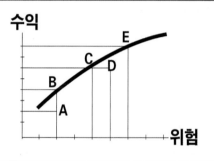

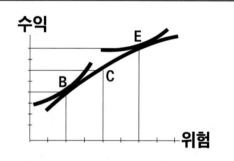

① 투자안 B는 A를 지배
② 투자안 C는 D를 지배
③ 효율적 투자대안 : B, C, E
④ 효율적 프런티어 모양 : **우상향**
 ↳ 더 높은 수익 → 더 많은 위험
⑤ 보수적 : B선호 ‖ 공격적 : E선호

① 무차별곡선 : 동일효용 ‖ 투자대안선
② 보수적 투자자 : 기울기 급한 편
 ⋯→ B 투자안을 선호
③ 공격적 투자자 : 기울기 완만한 편
 ⋯→ E 투자안을 선호
④ 최적투자안 : 효율적 프런티어와 무차별곡선의 접점에서 결정됨

① B, C, E의 투자안을 연결한 효율적 프런티어의 모양은 **우상향**이다.
② 효율적 투자전선이 **우상향**한다는 것은,
   더 **높은** 수익을 얻기 위해서는 더 **많은** 위험을 감수해야 한다는 의미이다.
③ 무차별곡선은 투자자에게 **동일한 효용을 주는 수익과 위험의 조합선**이다.
④ **보수적**(위험을 회피할수록)일수록 무차별 곡선의 **기울기는 급하게** 그려진다.
⑤ 최적 투자안은 투자자의 **무차별곡선**과 효율적 **프런티어**의 **접점**에서 선택된다.

투자론 060 포트폴리오

키워드 체계적 위험, 비체계적 위험만 제거, 상관계수

포트폴리오 투자는 분산투자를 통해 위험을 제거하고 안정된 수익을 추구하는 전략이다.

1 포트폴리오의 위험

> ### 위험 = 체계적 + 비체계적

① **체계적 위험**은 시장 **전체**에 영향을 미치는 위험이다. [**경기변동, 인플레이션, 금리**]
② **비체계적 위험**은 **개별자산**에 영향을 미치는 고유위험이다. [관리비, 파업등]
③ 포트폴리오 투자를 통해서는 **체계적 위험은 제거가 불가능**하다. [전혀!!!!!!!!!!!!]
④ 포트폴리오를 통해서는 **오직 비체계적 위험만 제거**할 수 있다.
⑤ 포트폴리오의 체계적 **위험이 커질수록** 투자자의 **요구수익률은 증가**한다.

2 포트폴리오의 수익률

투자자산의 비중과 예상 수익률의 분포가 다음과 같을 때 포트폴리오의 수익률은?
[단, 호황과 불황의 확률은 40% : 60%라고 가정한다.]

구분	자산비중	경제상황별 예상수익률	
		호황	불황
상가	20%	30%	10%
오피스텔	30%	20%	10%
아파트	50%	10%	6%

호황	불황
20×30 $+ 30 \times 20$ $+ 50 \times 10$ $= 1700 \div 100 = 17\%$	10×20 $+ 30 \times 10$ $+ 50 \times 6$ $= 800 \div 100 = 8\%$

→ 최종 가중평균 : 호황 ($17\% \times 40\%$) + 불황 ($8\% \times 60\%$) = 680 + 480 = 1160 = **11.6%**

3 포트폴리오 효과의 극대화

① 포트폴리오의 효과란 분산투자를 통해 **비체계적 위험을 제거**하는 효과이다.

② 따라서 포트폴리오의 효과를 극대화하기 위해서는 분산투자를 늘리면 된다.

③ 이 때, 포트폴리오를 구성할 때는 **자산간 수익률의 움직임**을 고려할 필요가 있다.

④ 자산간 수익률의 움직임이 유사할 때보다는 **반대일 때 상쇄효과가 극대화** 된다.

⑤ 상관계수는 자산간 수익률의 움직임을 측정한 통계치이다.

구분	상관계수 = -1	상관계수 = +1
구분	① 완전한 음 (-1) ② 움직임 **정반대** ③ 분산효과 **극대화** ④ 비체계적 위험 **완전제거**	① 완전한 **양** (+1) ② 움직임 동일 ③ 분산효과 **없음** ④ 1보다 작아야 함
특징	① 두 자산이 **같은** 방향 : 상관계수 **양** (+) : 포트폴리오 **효과 작아짐** ② 두 자산이 **다른** 방향 : 상관계수 **음** (-) : 포트폴리오 **효과 커짐**	

좋은 포트폴리오의 3대 조건 : 상관계수 음(-), 상관계수 작은 거, 움직임 반대

---

(1) 경기침체, 인플레이션 심화는 비체계적 위험에 해당한다. [34]   [×]

(2) 두 자산으로 포트폴리오를 구성할 경우, 포트폴리오에 포함된
개별자산의 수익률 간 상관계수에 상관없이 분산투자효과가 있다. [32]   [×]

(3) 포트폴리오전략에서 구성자산 간에 수익률이 반대 방향으로 움직일 경우
위험감소의 효과가 크다. [30]   [O]

(4) 2개의 투자자산의 수익률이 서로 다른 방향으로 움직일 경우,
상관계수는 양의 값을 가지므로 위험 분산 효과가 작아진다. [26]   [×]

(5) 투자자산 간의 상관계수가 1보다 작을 경우,
포트폴리오 구성을 통한 위험절감 효과가 나타나지 않는다. [26]   [×]

(6) 개별자산의 기대수익률 간 상관계수가 "0"인 두 개의 자산으로
포트폴리오를 구성할 때 위험감소 효과가 최대로 나타난다. [33]   [×]

투자론 061 투자분석1 - 화폐의 시간가치

키워드　미래가치계수, 현재가치계수

① 투자분석이란 **현재**의 투자금액(유출)과 **미래**의 수입금액(유입)을 비교하는 작업이다.

② 화폐의 시간가치 계산이란 현재와 미래금액에 대한 **복리 이자계산**을 의미한다.

③ 이 때 시간가치의 계산은 다음의 두 가지로 구분할 수 있다.

　　㉠ 현재금액에 이자를 적용하여 **미래금액을 산정**하는 방법 [이자를 붙여 **할증**]
　　㉡ 미래금액에 이자를 적용하여 **현재가치로 환산**하는 방법 [이자를 깎아 **할인**]

| 현재시점 | ⇢ | r% = 수익률 | ⇢ | 미래가치 | ⇢ | 미래로 할증 |
| 현재로 할인 | ⇠ | 현재가치 | ⇠ | r% = 할인율 | ⇠ | 수입발생 |

미래가치 [할증]	현재가치 [할인]
일시불 **내가계수** 연금의 **내가계수** **감채기금계수**	일시불 **현가계수** 연금의 **현가계수** **저당상수**

1 미래가치계수 [내가계수]

일시불의 내가계수 ○원 ── r% → n년후?	① **1원**의 **n년후**를 계산 ② 1원 $\times$ $(1+r)^n$ 예 1000만원, 이자10%, 5년후?
연금의 내가계수 ○원 ─ ○원 ─ ○원 r% n년후?	① **매기1원**의 **n년후**를 계산 ② 1원 $\times$ $\dfrac{(1+r)^n - 1}{r}$ 예 매년말 1000만, 이자10%, 5년후?
감채기금계수 얼마씩? 얼마씩? 얼마씩? r% n년후 만들기	미래 1원을 **만들기[모으기]** 위해 매기 적립해야 할 **적립금[불입액]** 예 5년후 1억 만들기 위한 불입액을 산정시

2 현재가치계수 [현가계수]

일시불의 현가계수	① **1원**의 **현재가치** 계산
현재? ◄— r% — ○원	② 1원 $\times$ $(1+r)^{-n}$ = 1원 $\div$ $(1+r)^n$ 예 5년후 1억원의 현재가치 계산
연금의 현가계수	① **매기1원**의 **현재**가치 계산
현재? ◄r%─ ○원 ─ ○원 ─ ○원	② 1원 $\times$ $\dfrac{1-(1+r)^{-n}}{r}$ 예 매년말 1억원의 현재가치 계산
저당상수	○원을 **원리금균등분할상환**으로 대출 **대출 원리금액**을 산정할 때 활용
대출 ─r%─ 원 리 금 ? ►	**융자액×저당상수 = 원리금**

3 시간가치계수의 역수관계

① **일시불**의 **내가계수**와 **일시불**의 **현가계수**는 역수관계이다. [일시불은 자기들끼리]

② 연금의 **내가계수**(미래가치계수)와 **감채기금계수**는 역수관계이다. [**내가감기**]

③ 연금의 **현가계수**(현재가치계수)와 **저당**상수는 역수관계이다. [**현저**]

○원 × 저당상수 = ○원 ÷ 연금의 현가계수

4 잔금액과 잔금비율

① 잔금이란 아직 **미상환된 원금액**의 비율을 의미한다.

② 잔금을 산정할 때는 **원리금 × 연금의 현가계수 [남은기간]**로 산정한다.

③ 잔금비율이란 전체 융자액에서 **미상환된 원금의 비율**을 의미한다.

$$\text{잔금비율} = \frac{\text{연금의 현가계수(남은기간)}}{\text{연금의 현가계수(전체기간)}}$$

④ **상환비율과 잔금비율의 합은 1**이 된다.

5 화폐의 시간가치의 계산사례

1 5년후 1억원의 현재가치는?

- 할인율 : 연 7%(복리계산)
- 최종 현재가치 금액은 십만원 자리 반올림함

① 일시불의 현가계수를 활용한다.
② 1억원 ÷ 1.07 ÷ 1.07 ÷ 1.07 ÷ 1.07 ÷ 1.07 = 약 7,129만원 = 7,100만원

2 갑은 3년 동안 매년말 3,000만원씩을 불입하는 정기적금에 가입하였다. 이 적금의 이자율이 복리로 연 10%라면 3년 후 이 적금의 미래가치는?

연금의 내가계수 [공식활용]	연금의 내가계수 [GT활용]
3000만원 $\times \dfrac{(1+0.1)^3-1}{0.1}$ = 9,930만원	3,000 = $\times$ 1.1 = $\times$ 1.1 = GT를 누르면 정답 9,9300이 나옴

3 A는 부동산 자금을 마련하기 위하여 1월 1일 현재, 3년 동안 매년 연말 2,000원씩을 불입하는 투자 상품에 가입했다. 투자 상품의 이자율이 연 10%라면, 이 상품의 현재가치는? (단, 십원 단위 이하는 절사함)

연금의 현가계수 활용 = 2000원 $\times \dfrac{1-(1+0.1)^{-3}}{0.1}$ = 4973원을 십원단위 이하 절사하면 **4900원**

연금의 현가계수 [공식활용]	연금의 현가계수 [GT활용]
2000원 $\times \dfrac{1-(1+0.1)^{-3}}{0.1}$ = 약 4900원	① 2,000÷1.1 = ② ÷1.1= ③ ÷1.1= ④ GT = [십원단위 이하 절사하면 4,900원]

투자론 062 투자분석2 - 현금흐름의 산정

키워드 세후현금흐름, 세후지분복귀액의 산정

투자에 따른 현금흐름은 영업의 현금흐름과 처분의 현금흐름으로 구분된다.

1 영업의 현금흐름 [세후현금흐름 산정]

> **가 - 공 + 기 = 유 - 영 = 순 - 부 = 세전 - 세금 = 세후**
> ↳ [가공할 기력을 가진 유영순 누나가 순두부 세그릇 먹는 이야기]

---

1. 가능총소득 (잠재총소득 = 총임료수입)

임대료 × 임대 단위수(면적) = 가능총소득 [총매출]

가능총소득
P × Q

---

2. 가능총소득 - 공실 및 불량부채 + 기타수입 = 유효총소득

① 공실 및 회수불가능한 임대수입 부분을 차감 (손실)

② 기타수입 = 영업외수입을 합산 (이익)

가
- 공
+ 기
= 유

---

3. 유효총소득 - 영업경비 = 순영업소득

① 영업경비 포함 : 관리비, 광고료, 보험료, 수리·수선비등

   ↳ 세금 중 **재산세가 포함됨** [포함되어 차감됨]

② 영업경비 불포함 : 공실 및 불량부채, 부채서비스액, 감가상각비

   ↳ 세금 중 **소득세가 불포함됨** [암기 : 공부감소!]

③ 부채를 차감하기 전 : **총투자액에 대한 대가** [총순]

유
- 영
= 순

---

4. 순영업소득 - 부채서비스액 = 세전현금흐름

① 순영업소득에서 부채서비스액을 차감하여 산정

② 부채서비스액 = 원리금 = 저당지불액 = 원금 + 이자액

③ 전액 지분투자시 ┈→ 순영업소득 = 세전현금흐름

④ 부채를 차감 : **지분투자액에 대한 대가** [세-지분]

순
- 부
= 세전

---

5. 세전현금흐름 - 영업소득세 = 세후현금흐름

영업소득세의 산정

   ↳ (순영업소득 - 이자지급액 - 감가상각비) × 세율

세전
- 세금
= 세후

2 처분의 현금흐름 [세후지분복귀액 산정]

> ### 매도 - 매도 = 순매도 - 잔금 = 세전 - 세금 = 세후

① 매도가격 - 매도경비 = 순매도액 [매도경비 = 중개수수료]
② 순매도액 - **미상환저당잔금** = 세전지분복귀액
③ **세전**지분복귀액은 잔금을 치루고 난 이후 수입으로 **지분투자액**에 대한 대가
④ 세전지분복귀액 - **자본이득세** (양도소득세) = 세후지분복귀액

3 최종 현금흐름 정리

① 투자를 통한 총수입은 **영업**의 현금흐름과 **처분**의 현금흐름이 있다.
② 투자를 통한 총수입은 **세후현금흐름**과 **세후지분복귀액**이 있다.
③ 세후현금흐름과 세후지분복귀액을 합쳐 **세후소득**이라고 한다.

4 세후현금흐름의 계산

임대주택의 1년간 운영실적에 관한 자료이다. 세후현금흐름을 산정하면?

▪ 호당 임대료 : 6,000,000원	가능총소득=임대료 × 단위수	600만×40호 = 2억 4000만원
	공실 10% = 90% 곱하기	× 90%
▪ 임대가능호수: 40호	가 - 공 + 기= 유	2억 1600만원
▪ 공실률: 10%		
▪ 운영비용: 16,000,000원	운영비용 = 영업경비	1600만원
	유 - 영 = 순	2억원
▪ 원리금상환액: 90,000,000원	부채서비스액 = 원리금상환액	9000만원
▪ 융자이자: 20,000,000원	순 - 부 = 세전현금흐름	1억 1000만원
▪ 감가상각액: 10,000,000원	[순 - 이자 - 감가] × 세율 [2억- 2000만- 1000만]× 30%	5100만원
▪ 소득세율: 30%	영업의 현금흐름	5900만원

투자분석기법의 분류

키워드 할인법, 비할인법, 순수내부현가

투자분석기법 : 할인법 vs 비할인법	
할인법 (시간가치 고려O)	**비할인법 (시간가치 고려×)**
할인현금흐름분석법 (DCF법) 순현가법 수익성지수법 내부수익률법 현가회수기간법	어림셈법(승수법, 수익률법) 대부비율, 부채비율, 부채감당률등 단순회수기간법 평균회계이익률

암기코드 할인법 : 순 · 수 · 내부 · 현가

할인현금흐름분석법

키워드 순현가법, 수익성지수법, 내부수익률법

① 할인현금흐름분석법(DFC)은 화폐의 시간가치를 **고려**하는 투자분석기법이다.
② 할인현금흐름분석법은 현금흐름을 **현재가치로 할인**하여 투자금액과 비교하는 투자분석기법이다. (유입의 현가와 유출의 현가를 비교)
③ 할인현금흐름분석법은 투자 기간동안 **모든** 현금흐름을 고려한다.
④ 할인현금흐름분석법에는 **순현가법, 수익성지수법, 내부수익률법**이 있다.

1 순현가법 (NPV)

① 순현가법은 장래 발생할 **수입의 현가**에서 **비용의 현가**를 **차감**하는 방법이다.
② 순현가 = **유입의 현가** – **유출의 현가**
③ 순현가는 할인율(재투자율)로 **요구수익률**을 활용한다. [달라질 수 **있음**]
④ 순현가를 산정하기 위해서는 사전적으로 요구수익률이 **필수**이다.
⑤ 순현가가 **0보다 크거나 같을 때** 투자안이 채택된다.
⑥ 순현가는 가치가산원칙(합의 법칙)이 **성립**한다.

2 수익성지수법 (PI)

① 수익성지수법은 유입의 현가를 유출의 현가로 나눈 비율을 의미한다.

② 수익성지수 = 유입의 현가 ÷ 유출의 현가 = $\dfrac{\text{유입의 현가}}{\text{유출의 현가}}$

③ 수익성지수는 할인율로 **요구수익률**을 활용하며, 사전에 요구수익률이 **필수**이다.

④ 단일 투자안의 순현가가 0이되면, 수익성지수는 1이 되게 된다.

⑤ 수익성지수가 **1보다 크거나 같을 때** 투자안이 채택된다.

3 내부수익률법 (IRR)

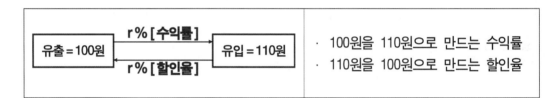

① 내부수익률은 유입의 **현가**와 유출의 **현가**를 **같게** 만드는 할인율(수익률)이다.

② 내부수익률은 순현가를 0으로 만들고, 수익성지수를 1로 만드는 할인율이다.

③ 내부수익률은 할인율(재투자율)로 **내부수익률** 자체를 활용한다.
  ↳ 내부수익률법은 사전에 요구수익률이 **필수가 아니다.**

④ 내부수익률이 **요구수익률**보다 크거나 같을 때 투자안이 채택된다.

4 순현가, 수익성지수, 내부수익률법 3자 비교

순현가	수익성지수	내부수익률
유입(현) - 유출(현)	유입(현) ÷ 유출(현)	유입(현)=유출(현), r%
할인 : 요구수익률	할인 : 요구수익률	할인 : **내부수익률**
요구수익률 필수○	요구수익률 필수○	**요구수익률 필수×**
채택기준 : ≧ 0	채택기준 : ≧ 1	채택기준 : ≧ **요구**

① 어느 방법을 적용하느냐에 따라 의사결정, 타당성, 투자결과가 **달라질 수 있다.**

② 순현가법의 재투자율은 **요구수익률**이고, 내부수익률법의 재투자율은 **내부수익률** 자체이다 → **순현가법이 더 우수**한 투자판단 기준으로 인정되는 편

5 순현가, 수익성지수, 내부수익률 계산사례

1. 사업 기간이 1년이며, 사업 초기(1월 1일)에 현금지출만 발생하고 사업 말기(12월 31일)에 현금유입만 발생한다고 한다. 할인율이 연 7%라고 할 때 다음을 산정하면?

구분	사업초기 현금지출	말기 현금유입
A	3,000만원	7,490만원
B	2,000만원	2,675만원
C	2,500만원	3,000만원
D	1,500만원	4,815만원

① A의 순현가 : 나누고(할인) 뺀다 : 7,490 ÷ 1.07 − 3,000 = 4,000

② B의 수익성지수 : 나누고(할인) 나눈다 : 2,675 ÷ 1.07 ÷ 2,000 = 1.25

③ C의 내부수익률 : 차액 나누기 투자액(차나투) : 500 ÷ 2,500 = 20%

2. 다음은 투자 부동산의 매입, 운영 및 매각에 따른 현금흐름이다. 이에 기초한 순현재가치는? (단, 0년차 현금흐름은 초기투자액, 1년차부터 7년차까지 현금흐름은 현금유입과 유출을 감안한 순현금흐름이며, 기간이 7년인 연금의 현가계수는 3.50 7년 일시불의 현가계수는 0.60이고, 주어진 조건에 한하고, 단위는 만원이다.)

기간	0	1	2	3	4	5	6	7
현금흐름	-1,100	120	120	120	120	120	120	1,420

① 영업흐름의 현재가치 = 유입(현) = 매년 120만원씩 7년치 : 120만 × 3.50 = **420만**

② ★ 7년말 현금흐름 = 1,420만원 = 120만의 영업흐름 + 1300만의 처분흐름으로 구성

③ 처분흐름의 현재가치 = 7년뒤 일시불 1300만 × 0.60 = 780만

④ 순현가(NPV) = 영업 420만 + 처분 780만 − 유출 1100만 = **100만원**

투자론 065 어림셈법

키워드   비할인법, 승수법, 수익률법, 총순하게 세집

		승수법 [회수기간]	수익률법 [수익률]
투자 100원 → ← 1년뒤 10원		$\dfrac{100원 = 투자}{10원 = 수입}$ =10년	$\dfrac{10원 = 수입}{100원 = 투자}$ =10%

① 어림셈법은 화폐의 시간가치를 **고려하지 않는** 분석기법이다.
② 어림셈법은 **첫 해**의 영업수입만을 고려하여 투자분석하는 기법이다.
③ 어림셈법은 **승수법과 수익률법**이 있으며 이 둘은 상호 역수관계이다.
④ 승수법은 자본의 **회수기간**을 구하는 방법으로, **승수가 작을수록 회수기간은 짧다.**
⑤ 수익률법은 수익률을 구하는 방법으로, 그 값이 클수록 유리하다.

승수법		수익률법	
총소득승수	$\dfrac{총투자액}{총소득}$	총자산회전율	$\dfrac{총소득}{총투자액}$
순소득승수	$\dfrac{\text{총}투자액}{\text{순}영업소득}$	종합자본환원율 [총투자수익률]	$\dfrac{\text{순}영업소득}{\text{총}투자액}$
세전현금흐름승수	$\dfrac{\text{지분}투자액}{\text{세전}현금흐름}$	지분환원율	$\dfrac{\text{세전}현금흐름}{\text{지분}투자액}$
세후현금흐름승수	$\dfrac{지분투자액}{세후현금흐름}$	세후수익률	$\dfrac{세후현금흐름}{지분투자액}$

① **순소득승수**는 자본의 **회수기간**으로 **순**영업소득을 **총투자액**으로 나누어 산정한다.
② **세전**현금흐름승수는 **지분**투자액을 세전현금으로 나누어 산정한다.
③ **(종합)자본**환원율은 **총투자액**에 대한 **순영업소득**을 의미한다.
④ **지분**환원율(지분배당률)은 **지분투자액**에 대한 **세전**현금흐름을 의미한다.

암기코드   **총-순**하게 **세-집** 들어간다 : 총 나오면 순 / 세 나오면 지분!

투자론 **066** 대부비율, 지분비율, 부채비율

키워드 LTV, 나에 대한 너, 너를 나로 나누면, 너와 내가 산이되는 공식

10억원의 상가를 구입하기 위해
자기자본 4억외에 은행에서 6억원을 대출받았다고 가정하자

4억 [지분]	6억 [융자]
10억 [총투자액]	

지분비율=$\frac{4}{10}$=40%	대부비율=$\frac{6}{10}$=60%	부채비율=$\frac{6}{4}$=150%

대부비율 지분비율	① 대부비율 = $\dfrac{\text{융자(잔금)액}}{\text{총투자액}}$	부동산 가치에 대한 **융자(잔금)액** (LTV)
	② 지분비율 = $\dfrac{\text{지분투자액}}{\text{총투자액}}$	부동산 가치에 대한 **지분투자액** 비율
	⋯→ 대부비율 + 지분비율 = 1 = 100%	

부채비율	부채비율 = $\dfrac{\text{융자액}}{\text{지분투자액}}$ = $\dfrac{\text{타인자본}}{\text{자기자본}}$ = $\dfrac{\text{부채총계}}{\text{자본총계}}$	
	① **지분**에 대한 **부채**	① 나에 대한 너
	② **부채총계**를 **자본총계**로 나눔	② 너를 나로 나누면
	③ 자본총계+부채총계 = **자산총계**	③ 나와 너가 합쳐 산이된다.

대부비율 부채비율	대부비율을 통해 부채비율을 바로 산정할 수 있음			
	대부비율	20%	50%	60%	80%
	부채비율	$\frac{20}{80}$=25%	$\frac{50}{50}$=100%	$\frac{60}{40}$=150%	$\frac{80}{20}$=**400%**
	⋯→ 대부비율이 50%면 부채비율은 $\frac{50}{50}$ = **100%**가 된다.				

투자론 067 부채감당률 및 기타 비율분석법

키워드 상업용 대출기준, 부채감당률, 공실률, 영업경비비율, 채무불이행률

1 부채감당률

$$부채감당률 = \frac{순영업소득}{부채서비스액}$$

① 부채감당률이란 **부채서비스액(원리금)**에 대한 **순영업소득**의 비율을 의미한다.

② 부채감당률은 **순영업소득**이 **부채**서비스액의 **몇 배**인가를 측정하는 지표이다.

③ 부채감당률은 상가 영업소득을 기준으로 상업용 대출기준으로 활용하는 지표이다.

④ 판단지표 : 부채감당률이 **1보다 크다** : 소득이 부채를 감당할 수 **있다** [능력↑]

⑤ 판단지표 : 부채감당률이 **1보다 작다** : 소득이 부채를 감당할 수 **없다** [능력↓]

⑥ 금융기관은 대출위험을 낮추기 위해서
  ↳ 차입자의 감당률이 충분히 **높길** 원하며, 감당률을 **상향조정**하기도 한다.

2 기타 비율 분석법

공실률	$\dfrac{공실액}{가능총소득}$	**가능총소득** - 공실액	가능에서 공실액
영업경비비율	$\dfrac{영업경비}{(유효)총소득}$	= **유효총소득** - 영업**경비**	유효에서 영업경비
채무불이행률	$\dfrac{영업경비 + 부채서비스액}{유효총소득}$	= 순영업소득 - **부채**서비스액 = 세전현금흐름	유효기준 경비+부채 : 손익분기율

① 공실률은 **가능총소득**에 대한 공실액의 비율을 의미한다. [낮을수록 유리함]

② 영업경비비율은 **(유효)총소득**에 대한 영업경비 비율을 의미한다.

③ 채무불이행률은 **유효총소득(수입)**과 영업**경비**와 **부채**서비스액의 합계(지출)를 비교하는 비율로, 채무불이행률을 손익분기율이라고도 한다.

암기코드 **유채꽃**은 **경부선**을 따라 핀다 : **채무불이행률**은 **유효총소득**을 기준으로 한다.

투자론 068 평균회계이익률, 단순회수기간

키워드 전통적 투자분석기법, 비할인법

평균회계이익률	단순회수기간
화폐의 시간가치 **고려**× 평균순이익을 평균투자액으로 나눔	화폐의 시간가치 **고려**× 투자안의 회수기간을 산정
채택 : 목표이익률 〈 회계이익률 ⋯▶ 이익률은 **목표보다 커야**	채택 : 목표회수기간 〉 회수기간 ⋯▶ 회수기간은 **목표보다 짧아야**

① 평균회계이익률법과 (단순)회수기간법은 모두 화폐의 시간가치를 고려하지 않는다.

② 회계적 이익률은 연평균**순이익을** 연평균**투자액으로 나눈** 비율이다.

③ 투자안을 채택할 때는

    ㉠ 투자안의 **이익률이** 목표이익률보다 **높은 것** 중 가장 **높은 것을** 선택하거나,

    ㉡ 투자안의 **회수기간이** 목표 회수기간보다 **짧은 것** 중 가장 단기인 것을 선택한다.

금융론 069 부동산 금융의 구분

키워드 지분금융, 부채금융, 메자닌 금융

부동산 금융은 부동산을 대상으로 자본을 조달하는 일련의 과정이다.

1 금융 주체에 따른 구분 (조달주체)

① **소비금융**은 **수요자(구입)** 금융으로 주택담보대출(모기지론)을 의미한다.

② **개발금융**은 **공급자(개발)** 금융으로 **건축대부(프로젝트 파이낸싱)**를 의미한다.

③ 소비금융은 유효수요를 확대하는 기능이 있고,
   개발금융은 실질적으로 주택공급을 증가시키는 기능이 있다.

2 자금의 성격에 따른 구분 (지분 vs 부채)

① **지분**금융 : **지분권**을 판매하여 **자기자본**을 조달하는 방식 [예 주식]

② **부채**금융 : **저당**설정 및 **채권**을 발행하여 **타인자본**을 조달 [예 채권]

③ **지분**금융 : **신디케이트, 사모 · 공모, 조**인트벤처, **리츠, 펀드**등

④ 부채금융 : 저당금융, 주택상환사채, ABS, MBS, 신탁증서금융등

⑤ **메자닌** 금융 : 지분금융과 부채금융을 결합한 혼합형 금융방식
   ↳ **전환사채, 신주**인수권부사채, **후순위**대출등

암기코드 지분금융 : **신사동조리뽕** [신디.사모.공모.조인.리츠.펀드]

금융론 070 주택금융 [주택도시기금등]

키워드 모기지론, 주택담보대출, 주택도시기금

① 주택금융의 대표적인 방식은 주택담보대출(mortgage loan)이 있다.

② 주택금융은 주택의 경기조절 기능이 있고 자가주택 소유를 확대하는 기능이 있다.

③ 주택금융은 정책금융의 성격이 강한 바, 시장상황에 따라 다양한 정책이 실시된다.
   ↳ 시장의 **활성화** : 금리인하, 대출규제 완화, 수요자 금융의 확대 → 수요증가

④ 정부는 **주택도시기금**을 통하여 다양한 주택사업과 도시재생사업에 기금을 투입한다.
   ㉠ 국토교통부장관이 **주택도시보증공사[HUG]**에 위탁
   ㉡ 국민주택규모에 해당하는 주택에만 지원 [★**초과시 지원불가**]

주택담보대출 규제(LTV, DTI)

금융론 071

키워드　LTV, DTI, DSR

1　주거용 [주택담보대출]

LTV [담보인정비율] : 담보가치		DTI [총부채상환비율] : 상환능력	
담보가치 기준(V) 최대융자액(L) 산정	$\dfrac{융자액(L)}{부동산가치(V)}$	차입자 소득기준(I) 최대상환액(D) 산정	$\dfrac{상환액(D)}{차입자소득(I)}$
담보가치: 1억, LTV 60% = 6000만원까지 **융자가능** [최대융자액 : 6000만원]		소득: 6000만, DTI 40% = 2400만원까지 **상환가능** [융자액 = 상환액 ÷ 저당상수]	

① 규제의 **강화** : LTV나 DTI의 **하향**↓ ∥ 융자액↓ ∥ 수요↓ ∥ 위험↓
② 규제의 **완화** : LTV나 DTI의 **상향**↑ ∥ 융자액↑ ∥ 수요↑ ∥ 위험↑

① 현재 LTV와 DTI가 적용되고 있을뿐 아니라 기존의 DTI 규제를 강화한
  DSR(총부채원리금상환비율)규제도 적용되고 있다.
② DSR은 차주의 연간 소득 대비 연간 **금융부채 원리금 상환액 비율**을 말한다.

2　최대융자액의 산정 : 주택담보대출 (주거용)

A는 연소득이 5,000만원이고 시장가치가 3억원인 주택을 소유하고 있다. A가 이 주택을 담보로 5,000만원을 대출받고 있을 때, 추가로 대출 가능한 최대금액은?

* 연간 저당상수 : 0.1
* 대출승인기준 :
  담보인정비율(LTV) : 50% 이하,
  총부채상환비율(DTI) : 40% 이하
※ 두 가지 대출 승인기준을 모두 충족하여야 함

① LTV 기준 융자액 = 3억원 × 50% = 1억 5,000만원
② DTI 기준 융자액 = 5,000만원 × 40% ÷ **저당상수 (0.1)** = 2억원
③ 최대융자가능액 : 1억 5,000만원−기존부채 5,000만원 = 1억원

3 최대융자액의 산정 : 상가대출 (상업용)

시장가격이 5억원이고 순영업소득이 연 1억원인 상가를 보유하고 있는 A가 추가적으로 받을 수 있는 최대 대출가능금액은?

- 연간 저당상수 : 0.2, 상가의 기존대출금 : 1억원
- 대출 승인조건 (모두 충족) : LTV 60%, 부채감당률(DCR) : 2 이상

 부채감당률 기준 최대융자액 = 순 ÷ 당 ÷ 당 [순영업소득÷저당상수÷부채감당률]

① LTV 기준 : 5억원 × 60% = 3억원

② 부채감당률 기준 = 1억원 ÷ 2 ÷ 0.2 = 2억 5,000만원

③ 최대 융자가능액 : 2억 5000만원 − 1억원 = 1억 5,000만원

금융론
072 대출금리

키워드 고정금리와 변동금리

1 고정금리대출

① 고정금리대출은 약정이자율로 초기부터 만기까지 원리금을 상환하는 방식이다.

② 고정금리의 명목이자율에는 실질이자율외에 **예상**인플레이션율이 반영된다.

③ 계약이자율보다 **시장이자율이 낮아지면** [금리하락기]
　　㉠ 차입자는 기존대출을 **조기상환**하고 재융자를 고려할 수 있다.
　　㉡ 대출자는 차입자의 조기상환시도에 따른 **조기상환위험**에 직면할 수 있다.

④ 계약이자율보다 **시장이자율이 높아지면** [금리상승기]
　　㉠ 차입자는 기존 대출을 **유지**할 것이다.
　　㉡ 대출자는 **수익률 악화**위험 (인플레이션 위험)에 직면할 수 있다.

⑤ 예상보다 실제인플레이션율이 높을 경우,
　　↳ **대출자가 일방적으로 불리**하고 차입자가 유리해진다.

⑥ 고정금리 대출은 시장 위험을 일방적으로 **대출자(금융기관)**가 부담한다.

⑦ 고정금리는 금융기관이 위험을 부담하므로 **초기이자율이 높은** 편이다.

2 변동금리대출

변동금리는 일정 주기로 이자율을 변동시킴으로써 시장 위험을 **차입자에게 전가** 시 키기 위해 고안된 금리체계이다.

변동금리 = 기준금리 + 가산금리
---

① **기준금리**는 변동의 기준이 되는 금리로,
   현재 우리나라에서는 **COFIX**(자금조달비용지수 : 원가비용)가 가장 많이 활용된다.

② 가산금리는 금융기관의 마진으로,
   차입자의 신용도, 취업상태등의 영향을 받아 결정된다.

③ 시장상황이 변하면 COFIX가 변하면서 위험이 차입자에게 전가된다.

④ 변동금리는 위험의 전가를 통해 **대출자**를 인플레이션으로부터 **보호**한다.

⑤ 따라서, **대출자**는 위험을 회피하기 위하여 **변동금리를 선호**한다.

⑥ 변동금리는 위험을 차입자가 부담하므로, 고정금리보다 **초기금리가 낮은** 편이다.

⑦ 이자율의 조정주기가 **짧을수록** 대출자에서 **차입자로** 위험이 **더 많이 전가**된다.

금융론 073 저당의 상환

키워드 분할상환방식, 원금균등, 원리금균등, 점증식상환

① 저당의 상환이란 융자액에 대해 원리금을 납입하는 행위이다.

원금 + 이자 = 원리금 = 부채서비스액 = 저당지불액
---

② 차입자는 융자에 대한 원금 외에 이자를 납입하여야 하는데,
   이 때 이자는 잔금(남은 원금)에 금리를 곱하여 결정된다. [**이자 = 잔금×금리**]

③ 따라서 이자의 크기는 원금의 납입속도와 잔금의 변화에 따라 결정된다.

④ 저당상환방식은 원금을 납입하는 방식에 따라 **일시상환, 분할상환**등으로 구분된다.
   ㄴ 일시상환 : 원금을 만기에 일시로 상환 ‖ 분할상환 : 매기 원금을 나누어 상환

⑤ 분할상환방식에는 **원금균등**분할, **원리금균등**분할, **점증식** 분할상환방식등이 있다.

1   원금균등분할상환 vs 원리금균등분할상환

원금균등분할상환	원리금균등분할상환
① 매기 **원리금** : 감소 [체감식]	① 매기 **원금액** : 증가 [체감식]
② 대출초기) 원금 상환부담 크고	② 이자가 감소하는 만큼 원금증가
③ 만기기준) 누적 이자부담 작음	③ 초기) 이자비중↑ → 만기) 원금비중↑
	④ 원리금 = 융자액×저당상수

대출조건이 동일하다면 원금균등과 원리금균등상환방식의 1회차 **이자지급액**은 동일하다.

2   점증식분할상환

① 점증식 분할상환방식은 매기 납입하는 **원리금액이 증가**하는 방식이다. [체증식]

② 점증식 분할상환방식은 초기 상환액을 낮추고 소득증가에 따라 상환액이 **증가**되는 방식으로, 초기 소득이 낮으나 장래 **소득증가가 예상되는 계층에 유리**하다.

③ 점증식 분할상환방식의 장점 : **초기) 상환부담**이 매우 **작은** 편이다.

④ 점증식 분할상환방식의 단점 : **만기) 누적이자**가 매우 **큰** 편이다.

3   만기일시상환

① 상환기간 동안 이자만 납부하다가 **만기에 원금을 일시**로 납부하는 방식이다.

② 상환기간 동안 잔금이 줄어들지 않으므로 고정된 이자금액을 납부하는 방식이다.

③ 매기 원금액만 부담하면 되므로 **초기 부담이 매우 작은** 장점이 있다.

④ 상환기간 원금을 상환하지 않으므로 **누적되는 이자는 매우 큰 단점**이 있다.
    ↳ 점증식분할상환보다 이자부담이 크다.

4 상환방식의 3자비교

비교	원금균등	원리금균등	점증식
매기 원리금	**감소**	**균등**	**증가**
초기) 상환액 [상환액]	원금균등 〉 원리금균등 〉 점증식		
중도) 상환액 [잔금액]	원금균등 〈 원리금균등 〈 점증식		
누적) 상환액 [총이자]	원금균등 〈 원리금균등 〈 점증식		
듀레이션 (가중평균상환기간) 짧은순	원금균등 〈 원리금균등 〈 점증식		
초기) 원금회수위험	원금균등 〈 원리금균등 〈 점증식		
초기) 총부채**상환**비율(DTI)	원금균등 〉 원리금균등 〉 점증식		
중도) 대출비율(LTV) : 잔금	원금균등 〈 원리금균등 〈 점증식		

① **초기** 상환액 = 초기 DTI(총부채상환비율) : 대출초기의 **원리금**액을 의미한다.
② **중도** 상환액 = 조기상환액 : 중도상환시의 **잔금액**을 의미한다.
③ **누적** 상환액 = 전체 누적 이자액 : 만기기준의 총 누적 **이자액**을 의미한다.
④ 듀레이션(duration) = 가중평균**상환기간** = **원금회수기간**을 의미한다.

5 상환방식의 계산1 - 원금균등분할상환

A씨는 주택을 구입하기 위해 은행으로부터 4억원을 대출받았다.
은행 대출조건이 다음과 같을 때 6회, 9회, 11회차의 상환액을 구하시오.

- 대출금리 : 고정금리, 연 5%
- 대출기간 : 20년
- 원리금상환조건 : 원금균등상환이고, 연 단위 매 기말상환

매기원금액	6회이자	9회이자	11회이자
$\dfrac{4억}{20년} = 2000만$	4억 - [2000만×**5**]= 3억×5% = 1500만	4억 - [2000만×**8**]= 2.4억×5%= 1200만	4억 - [2000만×**10**]= 2억×5%= 1000만
원금 2000 고정	상환액 : 3500만	상환액 = 3200만	상환액 = 3000만

6 상환방식의 계산2 - 원리금균등분할상환

A씨는 은행으로부터 4억원을 대출받았다. 대출조건이 다음과 같을 때,
A씨가 2회차에 상환할 원금과 3회차에 납부할 이자액은?

> ㉠ 대출금리 : 고정금리, 연 6%
> ㉡ 대출기간 : 20년, 저당상수 : 0.087
> ㉢ 원리금상환조건 : 원리금균등상환이고, 연 단위 매 기말상환

· **원리금 = 4억 × 0.087 = 3,480만원**

	저당상수	0.087
-	금리	- 0.06
×	융자액	× 4억
=	1회차 원금	= 1,080만원
×	(1+r) = 2회원금	×1.06 = **1144만 8000원**
×	(1+r) = 3회원금	×1.06 = 1213만 4880원
	3회이자	- 3,480만원 = **2266만 512원** (절대값으로 처리)

금융론 074 역저당 (주택담보노후연금)

키워드 한국주택금융공사, 어르신 대출

① **의의** : 주택 소유자가 저당권을 설정하고 **연금방식**으로 노후생활자금을 **대출**

② 주택연금은 수령기간이 경과할수록 대출잔액이 증가(누적)된다 = **역저당** 대출

③ **보증기관** : **한국주택금융공사(HF)**에 연금을 신청하며, **HF**가 보증한다.

④ **나이제한** : 부부 중 1명 이상이 **만 55세 이상**이면 된다. (부부모두 ×)

⑤ **담보주택** : 주택법상 주택, 노인복지주택, 상가주택, 오피스텔 [**공시: 12억↓**]
 ↳ **주거용** 오피스텔만 **가능**하며 업무용은 불가하다.

⑥ **지급방식** : **종신방신, 확정기간방식등**[원하는 일정기간만 지급도 가능]

⑦ **채권청구** : **주택가격 범위 내**로 한정하는 것이 원칙이다.

⑧ **중도상환** : 중도상환 **수수료 없이** 중도상환이 가능하다.

⑨ **상환원칙1** : 주택처분가격 〉 대출잔액 : 남은 부분은 **법정상속인**에게 귀속된다.

⑩ **상환원칙2** : 주택처분가격 〈 대출잔액 : 부족분에 대해서는 **청구하지 않는다.**

금융론 075 프로젝트 파이낸싱 [PF]

키워드 개발금융, 사업성담보, 부외금융, 비소구, 에스크로, 자본환원율

1 프로젝트 파이낸싱의 의미

프로젝트 파이낸싱은 **대규모** 공사, 공사 기간이 **장기**인 개발사업의 자금조달 방식으로서, 원사업주가 아닌 **프로젝트 회사(SPC)** 명의로 개발이 진행된다.

① 원사업시행자가 프로젝트 회사(SPC)를 설립한다. [엄마가 아들을 출산]

② **프로젝트회사(특수법인)**가 대출 및 사업전반을 관리한다. [아들명의]

③ 특징1 : **사업성** 담보 : 미래의 **현금흐름**, **프로젝트 자체**를 담보로 한다.

④ 특징2 : **부외**금융 : 원사업시행자의 대차대조표에 **부채가 기록되지 않는다.**
  ↳ 부외금융 효과는 **원사업시행자**가 누리는 효과이다.

⑤ 특징3 : **비소구**금융 : 원사업시행자에게는 **채권청구를 할 수 없거나** 제한적이다.

⑥ 특징4 : **에스크로** : 자금관리의 투명성을 위해 **위탁계좌**에 의해 자금이 관리된다.

⑦ PF는 사업의 위험성이 크므로 일반기업금융에 비해 대출금리가 높은 편이다.

⑧ PF는 여러 사업주체가 참여하므로, 이해당사자간 위험배분이 가능하다.

2 **금융기관 입장에서 프로젝트 파이낸싱 관리**

대출금융기관은 원사업시행자 및 시공사를 대상으로 다양한 신용보강을 요구한다.

① 시공사에게 : 책임준공각서, 사업권·시공권 포기각서등을 요구

② 시행사에게 : APT 개발사업시 토지(부지)담보를 요구 : 저당권×, **담보신탁**○ **(질권)**

③ 자금관리 : **에스크로**를 통한 자금관리, 자금인출시 **시행사 이익**을 가장 **후지급**

3 **투자자 입장에서의 PF 투자분석**

① PF의 현금흐름은 미래수입이므로 투자분석시 할인율(수익률)을 적용하여
분석하는데, 이 때 적용되는 할인율(수익률)을 **자본환원율**이라고 한다.

② 투자 대상 프로젝트는 자본시장 내 다른 투자수단들과 경쟁하므로,
동일 위험 수준의 투자수익률에 수렴하는 경향이 있다.

③ 자본환원율에는 자본의 **기회비용**과 프로젝트의 위험이 반영된다.

④ 위험이 증대되어 **자본환원율이 상승**하면 프로젝트에 대한 투자**가치는 하락**한다.
  ↳ 위험↑ → 환원율(할인율)↑ → 투자가치↓

금융론 076 **부동산투자회사 (REITs)**

키워드 소액투자, 간접투자, 지분금융, 자기관리, 위탁관리, 기업구조조정리츠

① 부동산투자회사(REITs)는 **주식발행**을 통하여 다수의 투자자로부터 자금을 모집하
여, 부동산등에 투자를 하여 운용수입을 발생시킨 후 수익을 배당하는 회사이다.

② **소액투자** : 투자자는 주식을 통해 소액투자 실현이 가능하다.

③ **간접투자** ; 부동산에 대한 직접투자가 아닌 주식투자방식이다. [원금손실○]

④ **지분금융** : 주식을 통해 자금을 조달하는 대표적인 **지분금융**방식이다.

⑤ **분산투자** : 다양한 포트폴리오를 통해 투자위험을 분산할 수 있다.

⑥ **리츠종류** : **자기**관리리츠, **위탁**관리리츠, **기업구조조정** 리츠로 구분할 수 있다.

1 부동산투자회사법

1. 부동산 투자회사의 분류 및 자산관리회사

① **자기관리리츠** : 자산운용인력 **포함**, 임직원 **상근**, 투자운용 **직접** 수행하는 리츠

② **위탁관리리츠** : 자산의 투자운용을 **자산관리회사**에 위탁

③ **기업구조조정리츠** : 기업구조조정용 부동산에 투자, **자산관리회사**에 위탁

④ **자산관리회사** : **위탁관리** 또는 **기업구조조정** 리츠의 위탁을 받아
자산의 투자운용업무를 수행하는 것을 목적으로 설립된 회사

2. 법인격

부동사 투자회사는 주식회사로 하고 상법 적용을 받는 것이 원칙이다.

3. ★ 설립 자본금

① 부동산 투자회사는 발기설립에 의하며, **현물출자**에 의한 **설립은 불가**하다.

② 부동산투자회사의 최저설립자본금은 다음과 같다.
  ㉠ **자기관리** 부동산투자회사 : **5억원** 이상
  ㉡ **위탁**관리 부동산투자회사 : **3억원** 이상
  ㉢ **기업구조조정** 부동산투자회사 : **3억원** 이상

4. ★ 최저 자본금

영업인가를 받거나 등록을 한 날로부터 **6개월** (최저자본금 준비기간)이 지난
부동산투자회사의 **최저자본금**은 다음과 같다.
  ㉠ **자기관리** 부동산투자회사 : **70억원** 이상 [5 - 6 - 7]
  ㉡ **위탁**관리 부동산투자회사 : **50억원** 이상 [3 - 6 - 5]
  ㉢ **기업구조조정** 부동산투자회사 : **30억원** 이상 [3 - 6 - 5]

5. 위탁관리 부동산투자회사의 지점설치 금지등

위탁관리 부동산투자회사는 본점 외의 지점을 설치할 수 **없으며**,
직원을 고용하거나 상근 임원을 둘 수 **없다.**

6. 자기관리 부동산투자회사의 자산운용전문인력

자기관리리츠 : 자산운용인력을 상근으로 두어야 한다.

① 감정**평가사** 또는 공인**중개사**로서 해당 분야에 **5년 이상** 종사한 사람

② 부동산 관련 분야의 **석사**학위 이상의 소지자로서 부동산의 투자·운용과 관련된 업무에 **3년 이상** 종사한 사람

7. 부동산투자회사의 차입, 사채발행, 감독

① 영업인가를 받거나 등록을 한 **후**에 자금을 차입하거나 사채를 발행할 수 **있다.**

② 차입 및 사채발행은 자기자본의 **2배**를 초과할 수 없다. (주총 특별결의시 10배까지)

③ **금융위원회**는 주주를 보호하기 위해 부동산 투자회사등에 금융감독 관련 업무에 관한 **자료제출**이나 **보고를 명할 수 있다.**

금융론 077 자산유동화증권 (ABS)

키워드 채권의 증권화, 현금화, SPC

① **자산(Asset)** : 금융기관이 보유한 각종 **장기채권**　　　　　　[농민이 보유한 소]

② **증권화(Securities)** : 장기채권등을 증권으로 **상품화**하는 과정　　　[등심으로 가공]

③ **유동화** : 채권을 증권으로 만들어 **현금화**하는 일련의 과정　　　[등심→현금화]

④ **SPC** : (자산유동화에 관한 법률상) 유동화를 담당하는 **특수목적회사**　[도축업체]

⑤ **자산유동화증권** : **채권을 현금화**하기 위해 발행되는 (증권)**상품**　　[등심 한팩]

　　↳ ABS = Asset Backed Securities :자산(채권)을 담보로 발행되는 증권상품

⑥ PF채권이 유동화 될 때는 PF ABS와 PF ABCP 형태로 유동화가 이루어진다.

　　↳ **ABS** : 자산유동화에 관한 법률에 의해 발행 ‖ **ABCP** : **상법**의 적용을 받음

금융론 078 저당 유동화 및 저당시장의 구성

키워드 SPC, 1차시장, 2차시장, 주택금융공사(HF)

① 금융기관이 차입자에게 대출을 실행하고 **저당권(Mortgage)**을 설정한다.

② 금융기관은 설정한 저당권을 **SPC**에게 매각하고, SPC에서는 **MBS**를 발행한다.

③ 저당의 유동화는 **한국주택금융공사(HF)**에서 담당하게 된다.

④ 효과 : 저당의 유동화는 시장에서 금융기관의 유동성 **증가**, 대출**증가**, 수요**증가**, 포트폴리오 **확대** 등의 긍정적 역할을 한다.

2 저당 시장의 구조

1차 저당시장	2차 저당시장
차입자 – 금융기관	금융기관 – SPC - 투자자
① 저당권 설정 = 주택자금 **대출**	① 저당권 유동화 = 주택자금 **공급**
② 1차 대출기관 = 금융기관	② 2차 대출기관 = **주택금융공사(HF)**
③ 1차 수익률 = 저당수익률(금리)	③ 2차 수익률 = 증권수익률

저당유동화의 전제조건 : 저당수익률(1차) 〉 증권(MBS)수익률(2차)

3 한국주택금융공사 (HF)

① 한국주택금융공사는 **2차** 저당시장에서 활동하는 것을 목적으로 설립되었다.

② 한국주택금융공사는 저당권(Mortgage)과 관련된 모든 일을 담당하고 있다.

　㉠ 주택신용**보증** : 전세자금대출, 중도금대출보증등

　㉡ 주택담보**대출** (청장년층) : 보금자리론, 디딤돌 대출등 [고정금리, 10년↑]

　㉢ 주택담보**대출** (어른신) : 주택연금에 대한 지급보증

　㉣ 저당대출채권의 관리, 평가, 실사, 매입, 보유등

　㉤ 저당**대출채권의 유동화** : 2차 저당시장에서 **SPC**역할 [MBS 발행]

금융론 079 저당유동화증권(MBS)의 발행

키워드 지분형, 채권형, 혼합형, MPTS, MBB, MPTB, CMO

1 MBS의 발행 조감도

차입자	⟶	금융기관	⟶	유동화중개기구	⟶	투자자
		M 저당권,수취권		M : 저당권,수취권		?

유형	이름		저당채권소유권	원리금수취권
지분형	MPTS	저당채권 **이체증권**	투자자	투자자
채권형	MBB	저당채권 **담보부채권**	발행자	발행자
혼합형	MPTB	저당채권 **이체채권**	발행자	투자자
	CMO	**다계층채권**	발행자	투자자

2 MPTS (지분형 MBS) vs MBB (채권형 MBS)

구분	MPTS (이체증권)		MBB (담보부채권)	
성격	지분형 MBS (지분매각)		채권형 MBS (돈을 빌림)	
모형	차입자 ⟶ 발행기관⟶⟶ 투자자 └─현금흐름연결 ⋯ 저당/수취		차입자 ⟶ 발행기관⟶⟶ 투자자 └─────저당/수취─────연결안됨	
저당권	**투자자**		**발행자**	
수취권	**투자자**		**발행자**	
위험	조기상환위험	**투자자**	조기상환위험	**발행자**
	채무불이행위험	**투자자**	채무불이행위험	**발행자**
콜방어	조기상환 방어권 ×		조기상환 방어권 ○ [만기보장]	
초과담보	초과담보제공 ×		초과담보제공 ○	
암기	**투투투**××		**발발발**○○	

3 MPTB (주택저당채권 이체채권)

- MPTB = MPTS + MBB [혼합형]
- 주택저당채권이체증권과 담보부채권을 혼합한 형태

① MPTB의 **저**당채권의 소유권은 **발**행자가 보유하고 원리금**수**취권은 **투자자**가 보유한다.

② MPTB의 채무불이행위험은 발행자가 부담하고 **조기상환위험은 투자자**가 부담한다.

4 CMO (다계층채권)

CMO는 **발**행자가 저당채권을 보유한 채, 일정한 가공을 통하여 동일한 **저당풀** (pool) 에서 만기와 이자율을 **다양화**하여 MBS를 발행

① CMO는 혼합형 MBS로

　　저당채권의 소유권은 **발**행자가, 원리금**수**취권은 **투**자자가 보유한다.

② CMO의 조기상환위험은 증권 투자자가 부담한다.

개관마 080 부동산 개발일반

키워드 시공제외, 민관합동, 제3섹터

① 부동산 개발은 사회적 수요와 환경에 맞게 토지를 최유효이용하는 과정이다.

② **법적 정의** : 부동산 개발은 토지를 조성하거나, 건축물을 건축하거나 공작물을 설치하는 사업으로서 **시공**을 담당하는 행위는 **제외**된다.

③ **주체별 분류** : 개발을 주체별로 분류하면 1섹터, 2섹터, 3섹터로 구분할 수 있다.
    ↳ 1섹터 : 공공주체(국가등) ‖ 2섹터 : 민간주체 ‖ **3섹터 : 공공민간합동**주체

④ 부동산 개발의 과정

> **아이디어** ⋯▸ **예비적 타당성** ⋯▸ **부지확보** ⋯▸ **타당성** ⋯▸ **금융** ⋯▸ **건설** ⋯▸ **마케팅**

    ↳ 예비적 : 수입과 비용을 개략적으로 ‖ 타당성 : 법률, 경제, 기술적 분석

개관마 081 부동산 개발위험

키워드 시공제외, 민관합동, 제3섹터

① **워포드**에 의한 위험의 분류 : **법률적 위험**, **시장 위험**, **비용위험**으로 구분
② **법률적** 위험은 **사법**상(소유권) 위험과 **공법**상(규제) 위험으로 구분된다.
③ 시장 위험은 수요공급과 관련된 위험으로 공실위험등이 있다.
④ 비용위험은 예상치 못한 공사기간의 장기화등으로 인해 발생한다.

시행사 입장에서 관리 가능 or 불가?		시행사 입장에서 긍정 or 부정?	
거시적 시장환경	불가	분양가격상승	긍정적
SOC (도로, 철도) 공급	불가	대출금리 인하	긍정적
행정변화에 따른 **인·허가**	불가	**용적률의 할증**	긍정적
문화재 출토	불가	토지가격 상승	부정적
과도한 영업경비의 문제	가능	조합원 **부담금 인상**	부정적
부실공사로 인한 문제	가능	**기부채납**의 증가	부정적

082 부동산 개발분석

개관마

키워드   지시성타투, 시장성분석, 빈감

분석단계 : 지역경제 ⇢ 시장 ⇢ 시장성 ⇢ 타당성 ⇢ 투자분석

① **지역경제분석 : 거시적 환경**분석, 지역의 인구, 소득, 고용률, 정책환경을 분석

② **시장분석** : 수요와 공급분석
　　㉠ 시장**세분화 : 수요자**를 구분하여 시장을 분석하는 것
　　㉡ 시장차별화 : 공급제품으로 시장을 나누어 분석

③ **시장성 분석** : 개발 부동산의 **매매 · 임대 · 분양가능성**을 분석하는 것
　　㉠ **흡수율** 분석의 의미 : 유사부동산에 대한 **과거추세**를 분석 (소비율 분석)
　　㉡ 흡수율 분석의 **궁극적** 목적 : 대상 부동산에 대한 **장래예측**

④ **타당성**분석 : **법률적, 경제적, 기술적** 타당성 분석
　　↳ **경제적** 타당성 : 충분한 수익이 발생하는 가에 대한 분석

⑤ 투자분석 : 수입과 지출에 대한 현금흐름분석 : 순현가, 내부수익률등
　　↳ **민감도** 분석 : **투입요소(변수)**의 변화에 따른 순현가(내부수익률)등을 분석

---

(1) 시장성분석 단계에서는 향후 개발될 부동산이 현재나 미래의
　　시장상황에서 매매되거나 임대될 수 있는지에 대한 경쟁력을 분석한다. [27] [O]

(2) 특정 부동산이 가진 경쟁력을 중심으로 해당 부동산이
　　분양될 수 있는 가능성을 분석하는 것을 시장성분석이라고 한다. [31]　　　[O]

(3) 민감도분석은 시장에 공급된 부동산이 시장에서 일정기간동안
　　소비되는 비율을 조사하여 해당 부동산시장의 추세를 파악하는 것이다. [25] [×]

(4) 타당성분석에 활용된 투입요소의 변화가 그 결과치에 어떠한
　　영향을 주는가를 분석하는 기법을 민감도 분석이라고 한다. [31]　　　　[O]

(5) 흡수율분석은 재무적 타당성분석에서 사용했던 변수들의 투입 값을
　　낙관적, 비관적 상황으로 적용하여 수익성을 예측하는 것을 말한다. [32]　[×]

3 도시개발법상 개발사업의 분류

① **도시개발사업** : 도시개발구역에서 **주거, 상업, 산업, 유통** 등의 기능이 있는 단지 또는 시가지를 조성하는 사업을 의미한다.

② 도시개발법상 개발사업방식은 **수용**(사용)방식, **환지**방식, **혼용**방식이 있다.

③ **환지방식** : 택지조성사업, **신개발사업**, 직접적 개입
  ㉠ 미개발 토지를 **구획정리**하고 기반시설을 설치하여 택지로 전환하는 사업
  ㉡ 택지가 개발되기 전 위치, 지목, 면적, 등급등을 고려하여,
     택지가 개발된 후 개발 토지를 원소유자에게 **재분배하는 방식**이다.
  ㉢ 개발 택지 중 **보류지 [체비지 + 공공시설용지]**를 **제외**하고 환지함

④ **수용방식** : 전면매수 → 전면개발 → 분양하는 방식 [강제성 : 갈등소지]]

⑤ **혼용방식** : 일부지역 **수용** + 일부지역 **환지**를 **혼합**하여 활용하는 방식이다.

개관마 083 민간개발방식

키워드 ┃ 자체사업, 지주공동사업, 토지신탁, 컨소시엄

민간개발방식은 자체사업, 지주공동사업, 신탁개발, 컨소시엄 방식으로 구분된다.

1 자체사업방식

① 사업의 전 과정을 토지소유자(甲)가 담당하고, 개발이익도 토지소유자에게 귀속된다.
② 자체사업방식은 개발이익이 높은 편이나, **위험 배분이 되지 않는다**는 단점이 있다.

2 지주공동사업

① **등가교환** : **대물변제** : 토지소유자가 토지를 제공하고 개발업자가 개발한 후에
  ↳ 공사비의 변제를 건축물의 **면적, 지분, 부동산** 자체로 정산하는 방식
② **분양금정산** : **분양수익금** : 분양금의 정산을 분양수익금으로 정산하는 방식
③ **투자자모집** : **지분배당** : 조합(신디케이트)을 결성하여 개발
④ **사업위탁** : **수수료** : 수탁자에게 사업을 의뢰하고 수탁자는 수수료를 받는 방식

3   사업위탁방식 vs 토지신탁방식

사업위탁방식		토지신탁방식	
갑(위탁) → 사업제안 → 을(수탁)		위탁자 → 소유권이전 → 수탁자	
지주공동사업 ○		지주공동사업 ×	
소유권 유지		★ 소유권 이전	
甲	개발명의 : 토지소유자	개발명의 : 신탁회사	乙
甲	자금조달 : 토지소유자	자금조달 : 신탁회사	乙
甲	개발이익 : 토지소유자	개발이익 : **신탁수익자**	신탁자
수수료 지급		**수수료** 지급	

신탁 **수익자** = 신탁 **수익증권의 소유자** = **신탁자**라고도 한다.

4   부동산 신탁

① 기본용어의 정리
    ㉠ 위탁자(委託者) : 맡기는 자 : 부동산의 소유자
    ㉡ 수탁자(受託者) : 맡김을 받는 회사 : 신탁회사
    ㉢ **수익자**(受益者) : 신탁재산의 수익권을 배당받는 자

② 부동산과 관련된 신탁의 종류 : 모두 **소유권 이전**이 발생함!
    ㉠ **토지(개발)신탁** : 자금, 공사발주, 관리, 운영을 신탁 (개발신탁)
    ㉡ **담보신탁** : 금융기관에서 **담보대출**을 받기 위해 활용하는 신탁
    ㉢ **관리신탁** : 소유권의 관리, 건물수선 및 유지, 임대차 관리
    ㉣ **처분신탁** : 고가의 부동산, 권리관계가 복잡한 부동산의 처분대행
    ㉤ **분양관리신탁** : 상업용 부동산을 신탁회사 분양대행(선분양)

5   컨소시엄 방식

    컨소시엄은 **대규모** 개발사업 진행시 구성되는 연합법인으로, 컨소시엄이 구성되는
참여자간 **위험배분**이 가능하나 출자회사간 상호 **이해조정**도 필요하다.

개관마 084 민간-공공 합동개발방식

키워드 BTO, BTL, BOT, BLT, BOO

민간자본유치방식 기본용어 정리		
B (Build)	준공	**민간이 준공**-완공
T (Transfer)	이전	**정부·지자체로 소유권을 이전**-귀속
O (Operate)	운영	해당 시설물을 **직접 운영** : **민간이 운영수익**
L (Lease)	임대	해당 시설물을 **임대** : **임대수익**
O (Own)	직접 보유	해당 시설물을 **민간이 직접 소유**

BTO 방식	① Build Transfer Operate [준공 · (정부로) 이전 · 운영] ② 민간**준공** ⇢ 정부·지자체로 소유권 **이전** → 민간 **운영** · 수익[요금]
BTL 방식	① Build Transfer Lease [준공 · (정부로) 이전 · 임대] ② 민간**준공** ⇢ 정부·지자체로 소유권 **이전** → 민간 **임대** · 수익
BOT 방식	① Build Operate Transfer [준공 - 운영 - (정부로) 이전] ② 민간**준공** ⇢ 민간운영 · 수익 ⇢ 정부로 소유권 **이전** · 귀속
BLT 방식	① Build Lease Transfer [준공 - 임대 - 이전] ② 민간**준공** ⇢ 민간 **임대** · 수익 ⇢ 정부로 소유권 **이전** · 귀속
BOO 방식	① Build Own Operate [준공 - 소유권 -이전] ② 민간이 **준공** ⇢ 민간이 **소유** ⇢ 민간이 직접 **운영**

① 도로와 터널처럼 민간이 직접 **요금**을 받을 수 있는 시설 → 주로 BTO를 활용

② 공공도서관, 학교, 문화센터처럼 직접 **요금을 받기 어려우면** → 주로 BTL 활용

---

(1) 사회기반시설의 준공과 동시에 해당 시설의 소유권이 국가 또는 지방자치단체에 귀속되며, 사업시행자에게 일정기간의 시설관리운영권을 인정하되, 그 시설을 국가 또는 지방자치단체등이 협약에서 정한 기간동안 임차하여 사용 · 수익하는 방식을 BTO방식이라고 한다. [28]　　　　　　　[×]

(2) 사회기반시설의 준공과 동시에 해당 시설의 소유권이 국가 또는 지자체에 귀속되며, 사업시행자에게 일정기간의 시설관리운영권을 인정하는 방식을 BTO방식이라고 한다. [28]　　　　　　　[O]

개관마 085 도시개발 - 기반산업이론

키워드 입지계수

① 도시의 산업을 **기반산업**과 **비기반**산업으로만 구분하여 설명하는 이론이다.

② 기반산업이 발달하면 비기반산업이 창출되고 도시 전체가 발달하는 이론인데, 이 때 해당 산업이 기반산업인지의 여부를 판단하기 위해 **입지계수**가 활용된다.

③ 입지계수는 **기반산업**을 판단하는 지표로 **1보다 크다**면 **기반산업**이라고 판단한다.

$$\text{A지역에서 X산업의 입지계수} = \frac{\text{A지역의 X산업비율}}{\text{전국의 X산업비율}}$$

1 입지계수의 계산사례

X와 Y지역의 산업별 고용자수가 다음과 같을 때,
X지역의 입지계수(LQ)에 따른 기반산업의 개수는? (단, 주어진 조건에 한함) (34회)

구 분	X지역	Y지역	전지역
A산업	30	50	80
B산업	50	40	90
C산업	60	50	110
D산업	100	20	120
E산업	80	60	140
전 산업 고용자수	320	220	540

X지역 A산업			X지역 B산업		X지역 C산업		X지역 D산업		X지역 E산업	
$\dfrac{\dfrac{30}{80}}{\dfrac{320}{540}}$	30 ×540 ÷320 ÷80	0.63 ×	50 ×540 ÷320 ÷90	0.93 ×	60 ×540 ÷320 ÷110	0.92 ×	100 ×540 ÷320 ÷120	**1.40** ○	80 ×540 ÷320 ÷140	0.96 ×

→X지역에서 입지계수가 1보다 큰 기반산업은 D산업 1개이다.

개관마 086 부동산 관리의 복합개념

키워드 | 법경기 관리

① 부동산 관리란 소유자의 목적에 따라 부동산을 관리상 운영·유지하는 활동이다.
② **유지**란 부동산의 외형·형태를 변화시키지 **않고** 양호한 상태를 지속하는 것이다.
③ 부동산의 관리도 복합개념으로 구성되어 있다 : **법률적, 경제적, 기술적** 개념

기술적	**협의의 관리 = 시설**(FM), 유지, 하자 관리 [**소극적**] 예 건물측면 : 위생, 설비, 보안, 에너지등 예 토지측면 : 경계확인을 위한 **경계측량** 예 토지와 건물 : **건물과 부지의 부적응**을 개선
경제적	**자산**(AM), 경영관리 예 부동산의 **매입과 매각**, 리모델링 **투자**의사결정등 예 투자 **포트폴리오**, 투자 리스크, 수익·인력관리(경영관리)
법률적	부동산의 법률적 관리 예 임대차 **계약관리**, 소유권, 등기관리

개관마 087 부동산 관리방식

키워드 | 자가관리, 위탁관리, 혼합관리

건물관리방식은 **직접(자가)**관리, **간접(위탁)**관리, **혼합**관리로 구분할 수 있다.

	자가(직접, 자치)	위탁(간접, 외주)	혼합관리
의미	소유자 직접 [소규모]	전문가 위탁 [대형]	자가 + 위탁 혼합
장점	① 통제력 ↑ ② 의사결정 ↑ ③ **기밀·보안유지** ↑	① **타성화 방지** ② **전문성** ↑ ③ 합리적 관리	① 업무 지도력 ② 전문가 능력 ③ 과도기에 유리
단점	① 전문성 ↓ ② 타성화, **안일화**	① **기밀유지** ↓ ② **보안관리** ↓	필요부분 선별위탁 → 책임소재 **불분명**

088 비율임대차 계약

개관마

키워드 매장용 부동산, 일정비율로 계약

① 비율임대차는 기본임대료에 매출액의 일정비율을 추가임료로 부담하는 방식이다.
② 비율임대차는 주로 **매장용** 부동산에서 많이 활용하는 계약방식이다.

비율임대차에 따른 임대료 = 기본임대료 + 초과매출의 일정비율

1 비율임대차 계산사례

A 회사는 분양면적 500㎡ 의 매장을 손익분기점 매출액 이하이면 기본임대료만 부담하고, 손익분기점 매출액을 초과하는 매출액에 대하여 일정 임대료율을 적용한 추가임대료를 가산하는 비율임대차 방식으로 임차하고자 한다. 향후 1년 동안 A회사가 지급할 것으로 예상되는 연 임대료는?

> ㉠ 예상매출액 : 분양면적 ㎡ 당 20만원
> ㉡ 기본임대료 : 분양면적 ㎡ 당 6만원
> ㉢ 손익분기점 매출액 : 4,000만원
> ㉣ 손익분기점 매출액 초과 매출액에 대한 임대료율 : 10%

(1) 임차인의 기본임대료 = 500㎡ × 6만원 = 3,000만원
(2) 예상 매출액 : 500㎡ × 20만원 = 1억원
(3) 손익분기점 대비 초과 매출액 : 1억원 – 4,000만원 = 6000만원
(4) 초과매출에 대한 추가임대료 = 6,000만원 × 10% = 600만원
(5) 임대료 합산 = 3,000만원 + 600만원 = **3,600만원**

089 부동산 마케팅 전략

개관마

`키워드` 시장점유, 고객점유, 관계마케팅, STP 4P, AIDA, CRM

① 부동산 마케팅은 부동산 상품을 수요자의 욕구에 맞게 상품을 개발하고 가격을 결정한 후 시장에서 유통, 촉진, 판매를 관리하는 일련의 과정이다.

② 부동산 마케팅은 공급자 주도의 시장에서 **구매자 주도의 시장**으로 전환됨에 따라 그 필요성이 점점 강화되고 있다.

③ 부동산 마케팅 전략은 **시장점유**마케팅, **고객점유**마케팅, **관계**마케팅이 있다.

1 시장점유마케팅

① **공급자** 전략차원으로 표적**시장**의 선점, 틈새**시장**의 점유를 목적으로 하고 있다.

② 시장점유마케팅은 STP, 4P MIX 전략으로 구성된다.

③ **시장점유** 전략중 STP전략

Segmentation	세분화	수요자 집단을 세분, 구분, 분할, 나눔 [분]
Targeting	표적시장	세분화된 수요자 집단 중 **목표시장**을 선정
Positioning	포지셔닝	경쟁자들 사이에 자신의 상품을 **위치화, 차별화**

④ **시장점유** 전략중 4P MIX

마케팅믹스 = 4P MIX = Product, Price, Place, Promotion		
Product	제품전략	**설계, 설비,** 시설등의 차별화 [설설설] 예 친환경 실개천 설치, 아파트 설계등
Price	가격전략	① **시가정책** : 경쟁자와 **유사**하게 ② **신축가격** : 방위, 위치, 층별로 **다르게**
Place	유통경로	분양**대행사, 중개업소**등을 활용한 분양전략
Promotion	판매촉진	표적시장의 반응을 빠르고 강하게 **유인 · 자극** 예 **경품** (판매유인), **인적판매**, TV 광고등

2 고객점유마케팅

① 고객점유마케팅은 **수요자** 관점에서 고객의 구매**의사결정**과정, 구매**심리**를 파악하여 각 단계에서 소비자와의 **심리**적 접점을 마련하는 전략이다.

② **고객점유**마케팅 : AIDA 전략

> **AIDA = 구매의사결정과정 : Attention–Interest–Desire–Action**

↳ 주의, 관심, 욕망, 행동의 4단계 : 심리적 자극을 통해 마케팅 효과↑

3 관계마케팅

① **장기적** 관점에서 고객과의 장기적이고 지속적인 **관계형성**에 초점을 맞추는 전략이다.

② **관계**마케팅 전략 : **CRM** 전략

> **CRM = 고객관계관리 : Customer Relationship Management**

↳ 1:1 마케팅, 고객관계관리 등을 통해 고객 충성도 재고 및 재구매 유도

용어 ▌마케팅 용어 및 광고기법

① **셀링포인트** (selling point) : 상품의 여러 가지 특징 중에서, 고객(구매자)의 욕망을 만족시켜주는 핵심특징 (판매소구점)

② **노벨티 (Novelty)** : 실용적, 장식적 물건을 활용한 광고 예 열쇠고리, 볼펜등

③ **바이럴(Viral)** : SNS, 블로그등 인터넷 매체를 통한 광고기법

감평론 090 부동산의 가치 및 가치형성요인 분석

키워드 Value, Price, 현재, 여러개, 주관적

1 가격(price)와 가치(value)의 비교

	가격(Price)	가치(Value)
의미	수급의 교환의 대가	장래 이익(편익)의 현가화
성격	① **과거에 형성된 [과거]** ② 단 **1개** ③ **객관적** 값	① 장래 이익을 현가화한 [**현재**] ② **여러** 개 ③ **주관적** 값
관계	단기에는 **괴리될** 수 있으나 장기적으로 일치함	

① 감정평가는 가격(Price)이 아닌 **가치(Value)**를 판단하는 작업이다.
② 감정평가의 기준가치로는 **시장가치**를 활용하는게 원칙이다.

2 가치형성요인

① ★ 감정평가에 관한 규칙상 가치형성요인이란,
대상 물건의 **경제적** 가치에 영향을 주는 **일반적, 지역적, 개별적** 요인을 의미한다.
② 감정평가시에는 가치형성요인인 지역분석과 개별분석을 실시한다.

감평론 091 지역분석과 개별분석

키워드 인근지역, 유사지역, 동일수급권

1 지역분석

① 지역분석은 대상 부동산이 속한 지역적 특성을 파악하는 분석이다.

② 지역분석의 **목적** : **표준**적 이용, 가격**수준**을 파악하는 것이다.
ㄱ **표준**적 이용 : 지역의 평균적 용도를 파악함
ㄴ 가격**수준** : 지역 전반의 가격수준을 파악함

③ 지역분석의 **대상 지역** : **인근지역**, **유사**지역, **동일수급권**에 대해 분석한다.
    ㉠ **인근지역** : 대상 부동산이 **속한** 지역으로서, **지역**요인을 공유하는 지역
    ㉡ **유사**지역 : 대상 부동산이 **속하지 않은** 지역으로서, 인근지역과 유사한 지역
    ㉢ **동일수급권** : 대상 부동산과 대체 · 경쟁 관계가 성립하며, 인근과 유사**포함**

4   개별분석

① 개별분석은 대상 부동산 자체에 대한 분석을 의미한다.

② 개별분석의 **목적** : **최유효** 이용, **구체적 가격**을 파악하는 것이다.
    ㉠ **최유효** 이용 : 대상 부동산의 최고 · 최선의 이용을 판단함
    ㉡ **구체적** 가격 : 대상 부동산 자체의 가격을 판단함

5   지역분석과 개별분석의 비교

구분	지역분석	개별분석
특성	부동성, 인접성	개별성
순서	**선행분석** (먼저)	**후행분석** (나중에)
범위	전체적, 거시적	부분적, 미시적
판정	**표준적이용**, 가격**수준**	**최유효이용**, **구체적** 가격

(1) 지역분석이란 대상부동산이 속해 있는 지역의 지역요인을 분석하여 대상부동산의 최유효이용을 판정하는 것을 말한다. [34]   [×]

(2) 인근지역이란 대상부동산이 속한 지역으로서 부동산의 이용이 동질적이고 가치형성요인 중 개별요인을 공유하는 지역을 말한다. [34]   [×]

(3) 개별분석이란 대상부동산의 개별적 요인을 분석하여 해당 지역 내 부동산의 표준적 이용과 가격수준을 판정하는 것을 말한다. [34]   [×]

(4) 지역분석보다 개별분석을 먼저 실시하는 것이 일반적이다. [34]   [×]

(5) 동일수급권(同一需給圈)이란 대상부동산과 대체 · 경쟁관계가 성립하고 가치 형성에 서로 영향을 미치는 관계에 있는 다른 부동산이 존재하는 권역(圈域)을 말하며, 인근지역과 유사지역을 포함한다. [34]   [O]

부동산 가격제원칙

감평론 092

1   변동, 예측, 경쟁, 대체의 원칙

① **변동**의 원칙 : 가격은 끊임없이 변동하므로 기준**시점**, **시점**수정이 중시된다.

② **예측**의 원칙 : 부동산의 가격도 장래 **예측**의 영향을 받는다는 원칙이다.

　　㉠ **수익환원법** : **장래** 수익으로 감정평가하는 수익환원법과 관련

　　㉡ **가치**(value) : **장래** 이익의 현가화로 정의되는 가치의 정의와 관련

　　㉢ **영속성** : 부동산의 **장래**성을 담보하는 영속성과 관련

③ **경쟁**의 원칙 : 가격도 경쟁에 의해 형성되고, 경쟁으로 인해 **초과이윤도 소멸**된다.

④ 대체의 원칙 : 대체성이 있는 2개의 재화의 가격은 서로 연관된다는 원칙이다.

　　㉠ 수요자들은 효용이 동일할 경우 가급적 가격이 낮은 것을 선택함

　　㉡ **거래사례비교법** : 대체의 원칙은 A와 B를 비교하는 비교방식과 관련이 있음

2   적합의 원칙 vs 균형의 원칙

적합의 원칙	**균형의 원칙**
외부와의 조화	**내부적 조화**
환경, **지역**, **시장**, 주변과 조화	구성**요소**, 투입**요소** 간의 조화
지역분석을 통해 판단	**개별분석**을 통해 판단
예 서민 거주지역에 고급주택 건축	예 화장실이 적고, 냉난방비가 많이 나옴
경제적 감가가 발생함	**기능적** 감가가 발생함
ㅈ, ㅈ, ㅈ (지역, 경제, 적합)	ㄱ, ㄱ, ㄱ (균형, 개별, 기능)

감평론 093 감정평가 3방식의 의의

키워드 | 비용성의 원가방식, 시장성의 비교방식, 수익성의 수익방식

3면성	3방식	산정	7방법	시산가액
비용성	원가방식	가액	**원가법**	**적산가액**
		임료	**적산법**	적산임료
시장성	비교방식	가액	**거래사례비교법**	**비준가액**
		임료	임대사례비교법	비준임료
수익성	**수익**방식	가액	수익환원법	**수익가액**
		임료	수익**분석**법	수익임료

└ 비교방식에는 거래사례비교법 외에 토지가격을 산정하는 **공시지가기준법**이 존재한다.

감정평가에 관한 규칙 ▌ 11조 감정평가의 방식

(1) 원가방식 : **원가법, 적산법**등 **비용성**의 원리에 기초함
(2) 비교방식 : **거래사례비교법, 임대사례비교법**등 **시장성**에 기초한 평가방식외에 **공시지가기준법**이 존재함
(3) 수익방식 : **수익환원**법, 수익**분석**법등 수익성의 원리에 기초함

---

1 시산가액 및 시산가액의 조정

① **시산가액**이란 3방식으로 산정한 **적산**가액, **비준**가액, **수익**가액을 의미한다.
② 가격의 3면성은 등가성이 성립되지 않으므로 시산가액은 서로 불일치 한다.
③ 이러한 시산가액이 최종가액이 되려면 **별도의 조정작업**이 요구된다.

감정평가에 관한 규칙 ▌ 12조 감정평가방법의 적용 및 시산가액 조정

감정평가법인등은 대상물건의 감정평가액을 결정하기 위하여 **시산가액 (試算價額)**을 다른 감정평가방식에 속하는 하나 이상의 감정평가방법으로 산출한 시산가액과 **비교하여 합리성을 검토**해야 한다.

④ 시산가액을 조정할 때는 단순히 **산술평균 하지 않는다.**
　└ 자료의 양, 정확성 등에 따라 **가중치**를 두어 평균을 낸다.

감평론 094 원가방식 - 원가법

키워드: 비용성, 원가방식, 원가법, 재조달원가, 감가수정, 적산가액

감정평가에 관한 규칙 제2조 [정의] : 원가법

원가법 : 대상물건의 **재조달원가에 감가수정**하여 대상물건의 **가액**을 산정하는 방법

비용성에 근거하여 원가방식으로 가액을 구하는 방법을 원가법이라고 한다.

적산가액 = 재조달원가 – 감가누적액

재조달원가	감가수정 [감가를 차감함]
① 기준시점에서의 신축공사원가 [공사비] ② 종류 : 복제원가 및 대치원가로 구분 ③ 기준 : **도급** 건설을 기준으로 산정함 ④ 산정 : 수급(개발업자) **이윤이 포함**됨 ⑤ 재조달원가 = 도급건설비 + 이윤포함	① 물리적·기능적·경제적 감가를 고려 ② 재조달원가에서 **공제(차감)**하는 것 ⋯▶ 물리적 감가 : 마멸, 파손, 노후화 ⋯▶ 기능적 감가 : 설계, 설비, 디자인 ⋯▶ 경제적 감가 : 환경, 지역, 시장

감정평가에 관한 규칙 제2조 [정의] : 감가수정

대상 물건에 대한 재조달원가를 감액하여야 할 요인이 있는 경우에 물리적 감가, 기능적 감가 또는 경제적 감가 등을 고려하여 그에 해당하는 금액을 **재조달원가에서 공제**

1 감가수정방법 [감가계산법]

① 감가액을 계산하는 감가수정방법에는 **내용연수법, 관찰감가법, 분해법**등이 있다.
② **(경제적)** 내용연수법은 정**액**법, 정**률**법, 상환기금법으로 구분된다.
③ **정액법**은 매년 감가액이 **일정**하다고 가정하는 방법으로 (주로 부동산에 활용) 감가액이 경과연수에 **정비례**하며 증가한다. (**직선법**이라고도 한다)
④ 정률법은 매년 감가율이 일정하다고 가정하는 방법으로 (주로 동산에 활용) 매년 감가율은 **일정**하나 ‖ 감가**액**이 **감소**하며 ‖ **초기**감가액이 매우 **크다.**
⑤ 상환기금법은 감가계산시 **복리이자**를 고려하여 감가액을 산정하는 방법이다.

2 적산가액의 산정 (정액법 vs 정률법)

정액법	정률법
원가법으로 산정한 적산가액은?	원가법으로 산정한 적산가액은?
· 사용승인일 신축공사비 : 6천만원 　(신축공사비는 적정함) · 사용승인일 : 2021. 9. 1. · 기준시점 : 2023. 9. 1. · 건축비지수 　— 2021. 9. 1. = 100 　— 2023. 9. 1. = 110 · 경제적 내용연수 : 40년 · 감가수정방법 : 정액법 · 내용연수 만료시 잔가율 : 10%	· 신축공사비 : 8,000만원 · 준공시점 : 2021년 9월 30일 · 기준시점 : 2023년 9월 30일 · 건축비지수 　— 2021년 9월 : 100 　— 2023년 9월 : 125 · 전년대비 잔가율 : 70% · 신축공사비는 준공 당시 재조달 원가로 　적정하며, 감가수정방법은 정률법을 적용함
적산가액 $= \dfrac{존 \times 나 \times 조}{경제적\ 내용연수} -$ 재조달	적산가액 $=$ 재조달원가 $\times$ 잔가율^n
① 재조달원가 = 6000만×1.1= 6600만 ② 존 = 잔존 10% : 잔가율 0.9 ③ 나이 = 경과 2년 : 2 ④ 조 (재조달원가) = 6600만 ⑤ 가액 $= \dfrac{0.9 \times 2 \times 6600}{40} -$ 6600만 ⑥ 적산가액 = 6,303만원	① 재조달원가 = 8000만×1.25= 1억원 ② 경과연수 = 나이 = 2년 ③ 적산가액 = 1억×70%×70% 　↳ 4,900만원

원가방식 - 적산법

키워드　적산법, 적산임료, 기기칠

감정평가에 관한 규칙 제2조 [정의] : **적산법**

적산법이란 대상물건의 **기초가액**에 **기대이율**을 곱하여 산정된 기대수익에 임대하는 데에 필요한 **경비**를 더하여 대상물건의 **임대료**를 산정하는 감정평가방법을 말한다.

적산임료 = 기초가액 × 기대이율 + 필요제경비

감평론 096 비교방식1 : 거래사례비교법

키워드 거래사례, 보수비, 사정보정, 시점수정, 가치형성요인비교

감정평가에 관한 규칙 제2조 [정의] : 거래사례비교법

거래사례비교법이란 대상물건과 가치형성요인이 같거나 비슷한 물건의 **거래사례**와 비교하여 대상 물건의 현황에 맞게 사정**보정**(事情補正), 시점**수정**, 가치형성요인 **비교**등의 과정을 거쳐 대상물건의 **가액**을 산정하는 감정평가방법을 말한다.

비준가액 = 사례가액 × 사정보정 × 시점수정 × 가치형성요인비교

---

1 사례자료의 정상화 : 사정보정

① 거래사례에 개입된 사정 및 동기를 정상화하는 작업을 의미한다.

② 100을 기준으로 **고가** 거래되었으면 **+** , **저가** 거래되었으면 **−**를 하면 된다.

$$\text{보정 기본식} = \frac{\text{대상부동산}}{\text{사례부동산}} = \frac{100}{100} \text{을 기준으로 분모조정}$$

③ **사례**부동산이 대상부동산에 비하여 **10% 저가거래** 되었다 $= \dfrac{100}{90}$

④ **사례**부동산이 대상부동산에 비하여 **5% 고가**거래되었다 $= \dfrac{100}{105}$

2 사례자료의 정상화 : 시점수정

① 거래시점의 가액을 **기준시점**의 가액**으로** 수정하는 작업을 의미한다.

② 시점수정은 지수법 또한 변동률 적용법을 적용한다.

- 사례부동산 : 2022년 4월 30일에 거래 ∥ 기준시점 : 2024년 4월 30일

① 거래시점의 지수를 100, 기준시점의 지수를 120이면 시점수정치는?

② 연간 가격 상승률이 10%라고 가정할 때 시점수정치는?

---

① 지수법 : $\dfrac{120}{100}$ = 1.2

② 변동률 적용법 : $(1+0.1)^2$ = 1.21

3 가치형성요인의 비교 : 지역, 면적, 개별요인 비교

① **인근지역**의 거래사례의 경우 **지역요인** 비교를 생략할 수 **있다.** [개별요인만 비교]

② **유사지역**의 거래사례의 경우 **지역요인** 비교를 생략할 수 **없다.** [개별요인도 비교]

③ 문장의 주어를 찾아서 우세면 + , 열세면 −로 보정한다.

$$보정\ 기본식 = \frac{대상부동산}{사례부동산} = \frac{100}{100} 을\ 기준으로\ 주어보정$$

④ 대상부동산이 속한 지역이 사례부동산이 속한 지역보다 5% 우세 → $\frac{105}{100}$ = 1.05

⑤ 사례부동산의 개별요인이 대상부동산의 개별요인보다 10% 열세 → $\frac{100}{90}$

⑥ 사례부동산의 면적이 500m², 대상부동산의 면적이 600m² → $\frac{600}{500}$ = 1.2

4 계산사례 : 비준가액의 산정

거래사례비교법으로 산정한 토지의 감정평가액은?

- 대상토지 : A시 B동 150번지, 토지 120m² , 제3종 일반주거지역
- 기준시점 : 2018. 9. 1.
- 거래사례의 내역
  - 소재지 및 면적 : A시 B동 123번지, 토지 100m²
  - 용도지역 : 제3종 일반주거지역
  - 거래사례가격 : 3억원 − 거래시점 : 2018. 3. 1.
  - 거래사례의 사정보정 요인은 없음
- 지가변동률 (2018. 3. 1 - 9. 1) : A시 주거지역 4% 상승함
- 지역요인 : 대상토지는 거래사례의 인근지역에 위치함
- 개별요인 : 대상토지는 거래사례에 비해 5% 열세함
- 상승식으로 계산할 것

1) 거래사례 : 3억원
2) 면적보정 : 120/100 = 1.2
3) 지가변동률 : 1.04
4) 개별요인 : 0.95
5) 비준가액 = 3억 × 1.2 × 1.04 × 0.95 = 355,680,000원

감평론 097 비교방식2 : 공시지가기준법

키워드   표준지공시지가, 비시지개

감정평가에 관한 규칙 제2조 [정의] : 공시지가기준법

공시지가기준법이란 평가의 대상 토지와 가치형성요인이 같거나 비슷하여 유사한 이용가치를 지닌다고 인정되는 **표준지공시지가**를 기준으로 대상 토지의 현황에 맞게 **시점수정, 지역**요인 및 **개별요인** 비교, **그 밖의 요인**의 보정을 거쳐 토지가액을 산정하는 방법이다.

비교표준지 ⇨ 시점수정 ⇨ 지역비교 ⇨ 개별비교 ⇨ 그 밖의 요인보정

① **표준지 선정원칙 : 인근지역**에서 선정하는 것이 원칙이다. [**동일수급권** 내에서 선정]

② **시점수정 원칙** : 표준지가 있는 시군구와 같은 용도지역의 지가변동률을 적용하되
  └ 예외 : **한국은행**이 발표하는 **생산자 물가상승률** 적용이 가능하다.

③ **토지평가 원칙** : 표준지공시지가를 기준으로 하는 것이 원칙이다.

④ **적정한 실거래가 원칙** : 적정한 실거래가가 있는 경우, 실거래가 기준도 가능하다.
  └ 적정한 기간 : 도시지역 **3년**내, 그 밖의 지역 **5년**내 신고된 가격

---

(1) 인근지역에 적절한 표준지가 없다면, 동일수급권에서 표준지를 선정하여 활용할 수 있다. [24]   [O]

(2) 공시지가기준법 적용에 따른 시점수정시 지가변동률을 적용하는 것이 적절하지 아니하면 통계청이 조사·발표하는 소비자 물가지수에 따라 산정된 소비자 물가상승률을 적용한다. [24]   [×]

(3) 공시지가기준법은 비교표준지선정 → 사정보정 → 지역요인 → 개별요인 →그 밖의 요인의 보정순으로 이루어진다. [25회응용]   [×]

1 공시지가기준법의 계산사례

공시지가기준법으로 산정한 대상 토지의 단위면적당 시산가액은? (34회)

○ 대상토지 현황 : A시 B구 C동 120번지, 일반상업지역, 상업용
○ 기준시점: 2023.10.28.
○ 표준지공시지가(A시 B구 C동, 2023.01.01. 기준)

기호	소재지	용도지역	이용상황	공시지가
1	C동 110	준주거지역	상업용	6,000,000
2	C동 130	일반상업지역	상업용	8,000,000

* 지가변동률 (A시 B구, 2023.01.01. ~ 10.28.) : 주거지역 3%상승, 상업지역 5%상승
* 지역요인: 표준지와 대상토지는 인근지역에 위치하여 지역요인 동일함
* 개별요인: 대상토지는 표준지 기호 1에 비해 개별요인 10% 우세하고, 표준지 기호 2에 비해 개별요인 3% 열세함
* 그 밖의 요인 보정 : 대상토지 인근지역의 가치형성 요인이 유사한 정상적인 거래사례 및 평가사례 등을 고려하여 그 밖의 요인으로 50% 증액 보정함

1) 소재지가 상업지역 상업용이므로 표준지도 상업지역의 상업용 2번 토지를 기준으로 한다.
2) 표준지공시지가 = 비교표준지 = 800만원
3) 지가변동률(시점수정) = 상업지역 기준 = 5% 상승 = 1.05
4) 지역요인 = 생략 가능
5) 개별요인 = 대상 토지가 3% 열세 = 0.97
6) 그 밖의 요인보정 = 50% 증액보정 = 1.5
7) 비준가액 = 800만원 × 1.05 × 0.97 × 1.5 = 12,222,000만원

감평론 098 수익방식 : 수익환원법

키워드 순수익, 현금흐름, 환원, 할인, 수익가액

감정평가에 관한 규칙 제2조 [정의] : **수익환원법**

수익환원법이란 대상물건이 장래 산출할 것으로 기대되는 **순수익**이나 미래의 **현금흐름**을 **환원**하거나 **할인**하여 대상물건의 **가액**을 산정하는 감정평가방법을 말한다.

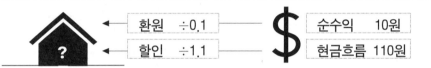

| 수익가액 | ① 장래 **순수익**을 **환원**하여 가액산정 ⋯→ 10 ÷ 0.1 = 100원 |
| | ② 미래의 **현금흐름**을 **할인**하여 가액산정 ⋯→ 110 ÷ 1.1 = 100원 |

1 전통적 소득접근법 : 순영업소득을 통한 수익가액 계산사례

전통적 소득접근법이란 **순영업소득**을 기준으로 수익가액을 산정하는 방법이다.

$$수익가액 = \frac{순영업소득}{환원이율} \quad \cdots→ \ 순영업소득을 \ 환원이율로 \ 나누어 \ 산정$$

수익환원법을 적용하여 평가 부동산의 수익가액을 구하면?

- 가능총소득 : 5,000만원
- 공실손실상당액 : 가능총소득의 5%
- 유지관리비 : 가능총소득의 3%
- 부채서비스액 : 1,000만원
- 화재보험료 : 100만원
- 개인업무비 : 가능총소득의 10%
- 기대이율 : 4%, 환원이율 : 5%

$$수익가액 = \frac{4,500만원}{0.05} = 9억원$$

유효총소득	5,000만원 × 0.95 = 4,750만원
영업경비	① 유지관리비 : 5000만원 × 3% = 150만원 ② 화재보험료 = 100만원 ③ 합계 250만원 [부채서비스액, 개인업무비 불포함]
순영업소득	= 4,750만원 - 250만원 = 4,500만원
수익가액	= 4,500만원 ÷ 5% = 9억원

2 환원이율

① 수익가액 = $\dfrac{순영업소득}{환원이율}$ → 순영업소득을 수익가액으로 환원시키는 수익률

② 환원이율 = $\dfrac{순영업소득}{수익가액(총투자액)}$ → 총투자액에 대한 순영업소득의 비율 (수익률)

① 환원이율은 미래 수익을 현재가치로 환원하는 이율로,
통상적으로 최소수익률인 **요구수익률**의 개념으로 이해할 수 있다.

② 환원이율에는 투자의 **기회비용**이 반영되며 시장금리의 영향을 받는다.
└ 시장**금리가 상승**하면 **환원이율도 상승**한다.

③ 환원이율에는 자산가격 상승에 대한 기대감도 반영된다.

④ 투자 **위험이 증가**하면 **환원이율도 증가**하게 되고, 부동산 **가치는 하락**하게 된다.

3 환원이율의 산정방법

① 환원이율을 결정하는 방법에는,
시장추출법, 조성법, 투자결합법, 엘우드법, 부채감당법등이 있다.

② 투자결합법은 물리적 투자결합법과 금융적 투자결합법으로 구분된다.
㉠ **물리적 투자결합법** : **토지, 건물**의 수익능력이 **다르다**고 가정하는 방법

└ 토지환원율×토지비중 + 건물환원율×건물비중 [가중평균]

㉡ **금융적 투자결합법** : **지분, 저당**의 요구수익률이 **다르다**고 가정하는 방법

③ **부채감당법** : 저당투자자의 입장에서 환원율을 산정하는 방법이다.

└ 환원이율 = 저당상수 × 부채감당률 × 대부비율

4 환원이율의 산정을 통한 수익가액 계산사례

수익환원법을 적용하여 평가 부동산의 수익가액을 구하면?

- 가능총소득(PGI): 44,000,000원
- 공실손실상당액 및 대손충당금: 가능총소득의 10%
- 운영경비(OE): 가능총소득의 2.5%
- 대상부동산의 가치구성비율: 토지(60%), 건물(40%)
- 토지환원율: 5%, 건물환원율: 10%
- 환원방법: 직접환원법
- 환원율 산정방법: 물리적 투자결합법

1) 가능총소득 : 4400만원
2) 유효총소득 : 4400만원 × 90% = 3,960만원
3) 영업경비 : 4400만원 × 2.5% = 110만원
4) 순영업소득 : 3,960만원 – 110만원 = 3,850만원
5) 물리적 투자결합법에 따른 환원이율
   토지(60)×토지(5) + 건물(40)×건물(10) = 700 = 7%
6) 수익가액 = 3,850만원 ÷ 7% = 5억 5000만원

감평론 099 감정평가에 관한 규칙

1 감정평가에 관한 규칙 : 제2조 용어

1. 시장가치

평가의 기준이 되는 가치로서,
① **통상적 시장** ② **충분한 기간** ③ **정통한 당사자** ④ **자발적**으로 거래된 가치

2. 기준시점

① 감정평가액을 결정하는 기준이 되는 시점

3. 가치형성요인

대상 물건의 **경제적** 가치에 영향을 미치는 **일반적**, **지역적**, **개별적** 요인

4. 감가수정

대상 물건을 감액할 요인이 있을 때, ① 물리적 감가 ② 기능적 감가 ③ 경제적 감가
등을 고려하여 **재조달원가**에서 **공제**하여 대상물건의 가액을 적정화하는 작업

5. 적정한 실거래가

신고된 실제거래가격으로 **도시지역은 3년이내**, **그 밖의 지역은 5년** 이내의
거래가격 중 평가기준으로 적정한 가격

6. 인근지역, 유사지역, 동일수급권

지역분석의 대상 지역 : **인근지역**, **유사지역**, **동일수급권**
① **인근지역** : 대상부동산이 **속한** 지역 ‖ **지역**요인을 공유함
② **유사지역** : 대상부동산이 **속하지 않은** 지역 ‖ **인근지역**과 유사
③ **동일수급권** : 대상 부동산과 대체 경쟁관계성립 ‖ 인근+유사 포함

2　감정평가에 관한 규칙 : 제2조 3방식 관련

1. 원가법 [비용성]

① **재조달원가**에 감가**수정**하여 **가액**을 산정하는 방법
② **적산가액** = 재조달원가 − 감가누적액(**감가수정**)

2. 거래사례비교법 [시장성]

① **거래사례**를 사정**보정**, 시점**수정**, 가치형성요인을 **비교**하여 **가액**을 산정
② 비준가액 = 사례가액×사정보정×시점수정×가치형성요인 비교

3. 공시지가기준법

① **비교** 표준지를 기준으로 **시**점수정, **지역**요인, **개별**요인등을 비교하여 가액산정
② 비준가액 = 표준지공시지가×시점수정×지역요인×개별요인×기타

4. 수익환원법

① 장래 **순수익**, **현금흐름**을 환원하거나 할인하여 **가액** 산정
② 수익가액 = $\dfrac{순영업소득}{환원이율}$

5. 적산법

① **기초가액**에 **기대수익**을 곱하고 **필요제경비**를 더하여 **임료산정**
② 적산임료 = **기초가액** × **기대이율** + **필요제경비**

6. 임대사례비교법

① **임대사례**를 사정보정, 시점**수정**, 가치형성요인 **비**교하여 임료를 산정하는 방법
② **비준임료** = 사례임료 × 사정보정 × 시점수정 × 가치형성요인비교

7. 수익분석법

① 장래 예상되는 **순수익**에 **필요경비를** 더하여 **임료** 산정
② 수익임료 = **순수익** + **필요제경비**

3 감정평가에 관한 규칙 : 제5조 - 10조

제5조 : 시장가치 기준

① 원칙 : 감정평가는 **시장가치**를 기준으로 하는 것을 원칙으로 함
② 예외 : **시장가치외**의 가치를 기준으로 평가할 수 **있음**

제6조 : 현황기준 원칙

① 원칙 : 대상물건의 이용상황 및 **공법상 제한을 받는** 상태를 기준으로 함 [현황]
② 예외 : 실제와 다르게 가정하거나 한정하는 조건부 평가도 가능 [조건부]

제7조 : 개별평가원칙

① 감정평가의 원칙 : 개별평가를 원칙으로 함
② 둘 이상의 물건이 **일체거래**, 용도상 **불가분**의 관계 : **일괄평가**
③ 하나의 물건이라도 **가치를 달리**하면 : **구분평가**
④ 일체로 이용되는 물건의 **일부만** 평가 : **부분평가**

제8조 : 감정평가절차

기본적 사항확정 ⇨ **처리계획** ⇨ **대상물건확인** ⇨ **자료수집 및 정리** ⇨ **자료검토 및 가치형성요인의 분석** ⇨ 감정평가방법의 선정 및 적용 ⇨ 감정 평가액의 결정 및 표시

제9조 : 기본적 사항확정

① 기준시점 원칙 : **가격조사완료일**을 기준으로 함
② 기준시점을 미리 정하였을 때에는 그 **날짜에 가격조사가 가능한 경우**에 한하여 그 일자를 기준시점으로 할 수 있음

제10조 : 대상물건 확인

① 원칙 : **실지조사**를 통하여 물건을 확인하는 것이 원칙
② 예외 : 객관적이고 신뢰할 수 있는 자료를 확보한다면 실지조사를 생략할 수 있음

4 감정평가에 관한 규칙 : 물건별 평가원칙

① 토지 : 공시지가기준법 원칙 ‖ **실거래가 기준 : 거래사례비교법**
② 산림 : 산지와 입목 **구분원칙** ‖ **입목** : 거래**사례**비교법
  ↳ 산지와 입목을 **일괄평가시 : 거래**사례비교법
③ 임대료 : **임대사례비교법**

원가법	건물, 기계, 선박(20t↑), 항공기, 소경목림
거래사례비교법	동산, 과수원, 자동차, 건물·토지 일괄, 입목, 상장주식
수익환원법	어업권, 영업권, 특허권, 저작권, 실용신안권, 기업가치등

감평론 100 부동산 가격공시제도

키워드 표준지, 개별공시지가, 표준주택, 개별주택, 공동주택

가격공시제도 : 부동산에 대한 **적정가격**을 공시하는 제도
↳ **적정가격** : 통상적 시장 + 정상적 거래시 성립될 가능성이 높은 가격

구분			결정·공시·이의신청	심의기구
토지	표준지공시지가		국토교통부장관	중앙 부동산가격공시위원회
	개별공시지가		시장군수구청장	시군구 부동산가격공시위원회
주택	단독 주택	표준주택	국토교통부장관	중앙 부동산가격공시위원회
		개별주택	시장군수구청장	시군구 부동산가격공시위원회
	공동주택		국토교통부장관	중앙 부동산가격공시위원회

① **토지**가격은 **표준지**공시지가, **개별**공시지가로 구분하여 공시한다.
② **주택**은 **단독**주택과 **공동**주택으로 구분하여 공시한다.
③ **단독**주택에 한하여 **표준**주택과 **개별**주택으로 구분하여 공시한다.
④ **공동**주택은 표준주택과 개별주택을 **구분하지 않고** 공시한다.
⑤ **시장군수·구청장**은 **개**다 ⤳ 개가 나오면 시장군수구청장!

1 토지가격공시제도

표준지공시지가	개별공시지가
① 공시주체 : **국토교통부장관**	① 주체 : **시장·군수·구청장** [세금, 부담금]
② 심의기구 : **중앙**부동산가격공시위원회	② 심의 : **시군구** 부동산가격공시위원회
③ 의뢰 : 둘 이상의 감정평가법**인** [반드시×]	③ 예외 : 생략가능함
④ 이의신청 : **국토교통부장관**에게	↳ **표준지로 선정**된 토지
↳ 공시일로부터 30~일 이내 / 30일내 심사	↳ **조세, 부담금 부과대상 아닌** 경우
⑤ 비준표 : **국토부장관** → 관계행정기관	④ 지가산정 : 표준지공시지가를 기준으로
⑥ 평가원칙: **공시기준일 현재**이용상황 기준	↳ 토지가격비준표 활용하여 산정
⑦ 역할 : 거래지표, 지가산정기준	⑤ 이의신청 : **시군구**청장에게
↳ 표준**지** : 개별공시**지**가의 **기준**	⑥ 분할합병 : 공시기준일 이후 분할 합병시
⑧ 활용 : 수용, 환지 ‖ 국유지 취득·처분	┅→ **시군구청장**이 결정공시
토지의 관리, 매입, 경매, 재평가	⑦ 활용 : (개세, 개사료, 개부담)
⑨ 공시사항 : 지번, 가격, 면적, 형상	↳ 국세, 지방세의 **과세**표준
↳ **주변 토지이용**, 지목, 도로상황등	↳ 국유지의 **사용료** 산정기준
	↳ 개발**부담금**의 부과기준

2 주택가격공시제도

단독주택 : 표준주택가격	단독주택 : 개별주택가격
① 특징 : **국토교통부장관**이 **단독**주택중에서 **표준**주택을 선정하고 **중앙**위원회의 심의	① 주체: 시장·군수·구청장 (시군구위원회 심의)
② 의뢰 : **한국부동산원**에 의뢰	② 예외 : 생략가능함
③ 비준표 : 국토교통부장관이 작성 → 시군구	↳ **표준주택으로 선정된 주택**
④ 활용 : 개별**주택가격** 산정의 **기준**	[표준주택가격 = 개별주택가격]
⑤ 공시사항 : 지번, 가격, 면적, 형상	③ 산정 : 표준주택가격을 기준으로
↳ **사용**승인일, **용도**, **연면적**, **구조**	↳ 주택가격비준표를 활용
	④ **개별**주택, **공동**주택가격: **과세표준**으로 활용

공동주택가격

① 특징 : **국토교통부장관**이 조사┅→ **중앙** 부동산 가격공시위원회의 심의를 거침
② 의뢰 : **한국부동산원**에 의뢰
③ 공시 : 소재지, 가격, 면적 ‖ **명칭, 동·호수** 포함

제35회 공인중개사 시험대비 **전면개정판**

2024 박문각 공인중개사
이영섭 필수서 1차 부동산학개론

초판인쇄 | 2023. 12. 5. **초판발행** | 2023. 12. 10. **편저** | 이영섭 편저
발행인 | 박 용 **발행처** | (주)박문각출판 **등록** | 2015년 4월 29일 제2015-000104호
주소 | 06654 서울시 서초구 효령로 283 서경빌딩 4층 **팩스** | (02)584-2927
전화 | 교재 주문 (02)6466-7202, 동영상문의 (02)6466-7201

저자와의
협의하에
인지생략

정가 15,000원
ISBN 979-11-6987-644-5